本书系韩山师范学院教授启动项目"丘濬经世思想研究"（QD20150715）主要成果。

本书亦为广东省教育厅人文社科重点研究基地潮学研究中心项目"明清韩江中下游环境变迁与民生研究"（517011）阶段性成果。

丘濬经世思想研究

赵玉田　罗朝蓉　著

暨南大学出版社
JINAN UNIVERSITY PRESS

中国·广州

图书在版编目（CIP）数据

丘濬经世思想研究/赵玉田，罗朝蓉著．—广州：暨南大学出版
社，2018.12
ISBN 978 - 7 - 5668 - 2545 - 2

Ⅰ.①丘…　Ⅱ.①赵…②罗…　Ⅲ.①丘濬（1421—1495）—
思想评论　Ⅳ.①B248.99

中国版本图书馆 CIP 数据核字（2018）第 296087 号

丘濬经世思想研究
QIUJUN JINGSHI SIXIANG YANJIU
著　者：赵玉田　罗朝蓉

出 版 人：徐义雄
策划编辑：暨　南　周玉宏
责任编辑：吴　庆
责任校对：陈皓琳
责任印制：汤慧君　周一丹

出版发行：暨南大学出版社（510630）
电　　话：总编室（8620）85221601
　　　　　营销部（8620）85225284　85228291　85228292（邮购）
传　　真：(8620) 85221583（办公室）　85223774（营销部）
网　　址：http://www.jnupress.com
排　　版：广州尚文数码科技有限公司
印　　刷：佛山市浩文彩色印刷有限公司
开　　本：850mm × 1168mm　1/16
印　　张：11.25
字　　数：192 千
版　　次：2018 年 12 月第 1 版
印　　次：2018 年 12 月第 1 次
定　　价：39.00 元

（暨大版图书如有印装质量问题，请与出版社总编室联系调换）

目　录

引　言

一、丘濬研究概述

丘濬（1421—1495），字仲深，号深菴，明代广东布政使司琼山县府城西厢下田村（今海南省琼山市府城镇金花村）人，明代著名政治家、思想家和史学家。

丘濬"幼孤，母李氏教之读书，过目成诵。家贫无书，尝走数百里借书，必得乃已。举乡试第一，景泰五年成进士"。① 其后，仕途辗转，为官于景泰（1450—1456）、天顺（1457—1464）、成化（1465—1487）、弘治（1488—1505）四朝，忠于职守，勤于政事，曾出任翰林院编修、侍讲学士、翰林院学士、礼部右侍郎兼国子监祭酒、礼部尚书兼文渊阁大学士、户部尚书兼武英殿大学士等，贵为内阁阁臣。且在阁臣中以"博极群书"著称，有"当代通儒"② 的美誉，时人称之为"琼台先生"或"琼山先生"。丘濬心怀经世济民之志，酷爱读书，一生著述甚富，撰有《大学衍义补》《家礼仪节》《世史正纲》《琼台会稿》《琼台类稿》《伍伦全备忠孝记》等。其中，影响最大的莫过于《大学衍义补》。《大学衍义补》全书约 140 万字，涵盖政治、经济、文化、教育等诸方面，描摹了一幅治平天下的理想政治蓝图，其经世思想跃然纸上。

丘濬自步入仕途始，为解决明朝统治危机与社会危机而殚精竭虑，勇于担当，积极筹谋救时良方，然而"壮志未酬"，徒留遗憾。丘濬身后，随着晚明

---

① 张廷玉等：《明史》，中华书局 1974 年版，第 4808 页。

② 吴伯与：《国朝内阁名臣事略》卷首《内阁名臣事略小识》，明崇祯年间刻本，第 21 页（下）。

社会危机与统治危机加深，部分尚有道德责任心与政治使命感的官员和学者为寻求明朝"自救"之路而上下求索，如杨廷和（1459—1529）、杨一清（1454—1530）、王圻（1530—1615）、邹观光（1556—约 1620）、陈仁锡（1579—1634）等人，他们客观评价丘濬及其经世思想，兴起一股"丘濬热"；明末清初，明之遗老遗少在反思明朝覆亡原因及总结其历史教训之际，丘濬经世思想亦成为他们关注与研究的对象，如陈子龙（1608—1647）、方以智（1611—1671）、顾炎武（1613—1682）等人，他们或将丘濬著作付梓以传播，或受其经世思想启发而在实际政治活动中有所作为。

明清以来，关于丘濬事迹的记述及其思想研究已经断断续续展开。不过，1898 年琼山教谕王国宪所撰《丘文庄公年谱》① 是迄今所存最早最详细的丘濬传记。1936 年，陈沅通过田野调查搜集资料而撰写了《丘海里墓记》，② 从典籍到田野，这个研究成果令人耳目一新。《丘海里墓记》也标志着近现代对丘濬的学术研究自此展开。然而，在此后一段时间里，相关研究成果并不多见。

20 世纪 80 年代以后，丘濬研究才进入一个新阶段，研究队伍不断壮大，研究成果亦丰富起来。客观说来，此间虽然不乏综合性研究成果，可以说是"面面俱到"，但是，总体上分析，现有研究多集中于丘濬经济思想与政治思想，其他方面研究成果仍属"凤毛麟角"。另外，检索相关研究成果，不难发现，学界关于明代丘濬的名字，因为各种原因，亦有写成"丘浚""邱濬"及"邱浚"等，特此说明。关于丘濬研究成果，恕不枚举，要言之，主要有如下特点：

其一，丘濬经济思想备受研究者推崇，成果不菲。丘濬经济思想研究成果最为突出，学界对丘濬"超前的"经济思想颇感兴趣，相关研究成果就丘濬富民思想、为民理财主张、重视工商业、发展国内市场与海外贸易等思想等做了较为深刻的探讨。这些成果，多从丘濬所处明代社会经济生活实际着眼，归纳分析丘濬经济思想的时代特征与内涵。如赵靖《丘濬：中国十五世纪经济思想的卓越代表人物》（《北京大学学报》1981 年第 2 期）、吴申元《丘濬经济思想初探》（《内蒙古财经学院学报》1981 年第 1 期）、李普国《论丘濬的经济思

---

① 王国宪：《丘文庄公年谱》，琼山罕经书院，清光绪二十四年（1898）刻本。
② 陈沅：《丘海里墓记》，《韵古楼丛书》本。

想》（《江淮论坛》1981年第3期）、文浅父《被遗忘的经济学家丘濬》（《羊城晚报》1981年5月14日）、黄国强《略论丘濬的经济思想》（《华南师范大学学报》1983年第3期）、赵靖《丘濬——市场经济的早期憧憬者》（《海南大学学报》1998年第1期）、朱鸿林《丘濬与〈大学衍义补〉：15世纪中国的经世思想》（普林斯顿大学1984年博士论文）、苏倩《丘浚的听民自为论及其国民经济管理思想》（《湖北大学学报》1988年第3期）、李璧《为国以足民为本——试论丘浚的养民、富民思想》（《海南大学学报》1985年第4期）、石世奇《试论丘濬的国民经济管理思想》（《北京大学学报》1985年第6期）、郑朝波《丘濬提出劳动价值论辨析》（《新东方》2015年第3期）、黄英《由王而圣始，由内而外终——丘濬〈大学衍义补〉的内在理路》（《孔子研究》2016年第6期）等。

其二，丘濬政治思想成为丘濬研究的新"热点"。君民关系、君臣关系及臣民关系是丘濬建构社会及政治关系的基本框架，也是丘濬政治思想的核心内容。其中，丘濬君民关系思想是解析与理解丘濬政治思想倾向及其治国主张的重要内容，也是丘濬政治思想时代性的基本判断。政治思想研究一直是丘濬研究的一个热点，学界主要对丘濬的民本思想、立政以养民主张等进行全面深入分析，剖析其时代特征与历史内涵。如陈弱水《追求完美的梦——儒家政治思想的乌托邦性格》（《中国文化新论：思想篇》，台北：联经出版社1982年第1卷）、陈永正《从〈大学衍义补〉试析丘浚思想》（福建师范大学2002年硕士学位论文）、李焯然《丘濬评传》（南京大学出版社2005年版）、吴建华《明代经世儒臣丘濬》（广东人民出版社2007年版）、李月华《丘濬民本主义君主观与黄宗羲君主论的相似性》（《广西社会科学》2007年第1期）、郗军红《丘濬〈大学衍义补〉治民思想研究》（南开大学2009年博士学位论文）等。

其三，丘濬生平及其他思想研究的成果也很多。丘濬是明代海南岛的一位传奇人物，关于他的故事一向为人们乐道。如陈桓升《明儒丘琼台的思想概观》（《人生》1996年第5期）、王万福《丘琼山之著述与思想》（《广东文献》1977年第2期）、周伟民与唐玲玲合撰《丘濬年谱》（《海南大学学报》2000年第1、第2期）、苏云峰《丘濬——一位遥从海外数中原的布衣卿相》（《丘海学刊》1982年9月）、余英时《从宋明儒学的发展论清代思想史》（《中国学人》1970年第12期）、杨群《明代大儒丘文庄公》（《华学月报》第50期，

1976 年 2 月)、王万福《明丘文庄公濬年谱》（台湾商务印书馆 1980 年版）、李焯然《丘濬之史学》（《明史研究专刊》1984 年第 7 期）、范中义《丘濬的军事思想》（《军事历史》2017 年第 2 期）、李谷悦《丘濬的"海运构想"——以〈大学衍义补〉为中心》（《古代文明》2018 年第 2 期）等。

其四，近年来，《大学衍义补》成为丘濬研究的重点内容，似有替代"丘濬"研究之势。就当前学界研究《大学衍义补》情况而言，丘濬与《大学衍义补》的关系，不是一位名人与一本名著的关系，也不是一位名人与其思想的关系，而是一位政治家、思想家与一个时代及其"理想社会"的关系。丘濬的丰富思想虽然并非《大学衍义补》一书所能囊括，但《大学衍义补》确实具体而集中地反映了丘濬的"治国平天下"的政治主张与社会理想。《大学衍义补》作为丘濬的代表作之一，其思想价值受到学界高度重视，成为丘濬思想研究的重要对象与主要内容，研究成果不菲。如当代著名学者朱鸿林称："《大学衍义补》此书在 16 世纪开始的明代有真正的影响力。它广受欢迎，读者众多，因为它为实际的经世知识提供了一个内容丰富而又有现实意义的读本，同时又为关怀国家大事的人们宣示了一种实用的精神。《大学衍义补》所获得的种种反应，显示了明代的知识界从来未曾全为理学中的心学主张所统制，至少从 15 世纪末期开始，为数不少的士大夫以及在学应试以求仕进的学子，都以一种有意识的努力，持续地追求着有体系的实用经世知识。而《大学衍义补》一书，则是这种明体适用之学的文字上的最高成就。"① 周谷城等学者编撰的《中国学术名著提要》亦称："（丘濬）经历明永乐、宣德、正统、景泰、成化、弘治等七朝，以惊人毅力博览群书，尤致力于典章制度研究，长期担任研究经史子集、历朝政务的职官，熟悉历代律令制度和政治法律思想，并得以从理论上对政治法律思想进行分析、归纳。"又言："作者认真总结和吸取了前人的思想成果，使本书的思想内容包罗宏富，为研究古代，尤其是明代前期和中期的社会、经济、政治、法律、文化、教育、司法、军事的发展，提供了极为重要的资料。本书还开创了我国古代比较法学研究的先例。作者的政治法律思想，在我国古代思想史上也有重要地位，对后世产生了深刻的影响，是研究中国政治

---

① 朱鸿林：《中国近世儒学实质的思辨与习学》，北京大学出版社 2005 年版，第 177－178 页。

法律制度史和政治法律思想史必读的要籍。"① 李龙潜指出,"《大学衍义补》是政治类书中最有地位的一种","体现了作者求实、求用的精神"。② 事实上,学界对《大学衍义补》的研究有取代"丘濬"研究之势。

挂一漏万,上述特点归纳不能涵盖所有研究成果。目前,综观相关研究成果,惊羡与肯定之余,还有一些遗憾。学界对丘濬经世思想的研究力有不逮,缺乏专门与系统的论述,而丘濬的经世思想又是其思想中极具创新的内容,对其经世思想的一些基本问题甚至还没有研究者涉猎。凡此,值得我们进一步思考,也为本书对丘濬经世思想的研究留下了广阔的空间。

有明一代,时值"明清宇宙期"及"灾荒空前严重期"。成化(1565—1587)以来,明代各种自然灾害频发,"脆弱生态区"漫延,"三荒"问题严重,"生态流民"增多,"灾害型社会"加剧,地方安全与国计民生深受影响。另外,明代乃是中国"社会进程的一段微妙时刻"(白寿彝先生语),处于中国传统小农社会向近代多元社会转型之萌动期,明代经世思想内涵颇为丰赡,承前启后,涵容中西,以极具变化与极富时代性、地域性为特征。丘濬经世思想记录了当时丘濬关于国家与时代的认识与思考,是其政治理想、学术理念及其精神文化生活图景的有机统一。故而,本研究主要运用社会学、文化学、环境史等学科理论和方法,系统剖析明中期灾荒、社会变迁与丘濬经世思想三者的多维互动关系,对丘濬经世思想予以专门研究。

二、官与人同品:对丘濬的基本评价

丘濬步入政坛之际,明朝国势式微,政治腐败,城镇生活奢靡化,乡村经济多凋敝,流民遍野,帝国统治危机四伏。面对国家危局,丘濬没有"袖手旁观"而"自娱自乐",而是勇于担当,积极作为,筹谋经世济民之举,以救时为己任。丘濬为官清廉,砥砺品行,心系社稷,重视民生,堪称古代为官做人的"双佳"人物。

---

① 周谷城主编:《中国学术名著提要》(政治法律卷),复旦大学出版社 1996 年版,第366 – 370 页。

② 丘濬著,李龙潜点校:《大学衍义补》序,中州古籍出版社 1985 年版。

（一）本分做事：丘濬仕途作为

步入仕途的丘濬胸怀经世济民之志，如他自称："少有志用世，于凡天下户口、边塞、兵马、盐铁之事，无不究诸心。意谓一旦出而见售于时，随所任使，庶几有以藉手致用。"① 景泰五年（1454），丘濬由进士选入翰林院供职，他努力提高学识，而非汲汲于事功而蝇营狗苟；他安心读书，"凡古圣贤所以用心而著于书，古帝王所以为治而具于经史者，与夫古今儒生骚客所以论理道写清景而寓于编简者，皆得于此乎。神交梦接之，而肆吾力焉"。② 而且，他似乎进入了一种"学人"境界："经史事幽讨，兀兀穷岁年。誓言追往哲，绝彼尘累牵。立足千仞岗，心游万古天。"③ 安贫乐道，安分守己，做好分内工作，这是丘濬初入政坛的做官准则。如供职翰林院期间，丘濬积极参与朝廷典籍文字编纂工作，全身心投入其中，尽职尽责，他相继参与《寰宇通志》《天下一统志》《英宗实录》《宋元通鉴纲目》等纂修工作。同时，丘濬并非沉迷于文字而忘乎时事，而是心系天下。如天顺七年（1463），两广之地族群纷争不断，战乱频发。丘濬及时上呈《两广用兵事宜》《两广备御猺寇事宜》等奏疏，就平定地方动乱而提出有针对性的具体战略战术，受到明宪宗成化帝的嘉许。

然而，丘濬仕途几经转折而离实际的政治民事渐远。丘濬为此感叹，入翰林"首尾二十余年，四转官阶，不离乎语言文字之职，凡昔所欲资以为世用者，一切寓之于空言无用之地"。④ 成化十年（1474），五十四岁的丘濬在《甲午岁舟中偶书》诗中写道："老到头来不自知，畏途犹自苦奔驰。不如归卧长林下，扫地焚香待死时。""五十骎骎入老乡，世间滋味饱经尝。匡时有术无施处，且夕惟焚一炷香。""乐土何乡似醉乡？混混沌沌度年光。恨天戒我平生酒，苦被醒眸扰闷肠。""地角天涯最远乡，我家住在海中央。他年乞得身归去，追忆经游梦一场。"⑤ 虽然在丘濬诗文中流露了一些看似"消极"的情绪，但在现实工作中，他仍是全身心投入，爱岗敬业，兢兢业业，有一颗"平常心"。如丘濬在《左右箴铭序》中写道："人苦不安分，汲汲然常有不足之念。

---

① 丘濬：《琼台诗文会稿重编》卷19《愿丰轩记》，明天启三年刻白口本。
② 丘濬：《琼台诗文会稿重编》卷19《槐荫书屋记》，明天启三年刻白口本。
③ 丘濬：《琼台诗文会稿重编》卷1《述怀》，明天启三年刻白口本。
④ 丘濬：《琼台诗文会稿重编》卷19《愿丰轩记》，明天启三年刻白口本。
⑤ 丘濬：《琼台诗文会稿重编》卷4《甲午岁舟中偶书》，明天启三年刻白口本。

迨其老矣也，犹不息心。予今年五十有五矣，忝以文字为职业，然往往用于空言，平生所学，竟不得一施为者。人或予惜，然不知此予分也。况骎骎老境，虽或见用，而亦气衰志惰，不能以有为矣。"① 自我安慰与自我认可，诗文而已，诗文之外才是真实的丘濬。如成化十三年（1477），丘濬写道："五十年来加七岁，古稀相去十三年。饱谙世味只如此，痛绝尘缘任自然。举世不为齐客瑟，后人或取蜀儒玄。人生但得平平过，不用操持更问天。"② 除了笔耕之外，还是笔耕，丘濬此间兢兢业业于"撰述"，以"文字"为事业，本本分分，尽职尽责。然而，丘濬所写文字，绝非"无病呻吟"，而是以时代为内容，以经世为旨归，是有为而为之。

明朝成化（1465—1487）以来，开启中国传统社会向近代社会转型，即进入晚明——一个社会"畸形"商业化的时代。③ 要言之，成化时期，城乡贫富差距拉大。经过了百余年对农民及农村的持续剥敛，城镇积累了大量财富，经济社会生活也日趋活跃。其中，商业、手工业生产渐成规模；市民的主体意识和社会地位有所提高，富人阶层逐渐壮大。值此城镇经济社会发展微妙时刻，农民贫困问题及大规模流民运动不仅导致了这一时期以租佃制盛行及非农产业发展为标志的乡村经济与社会结构变化，也刺激了城镇经济非正常扩张。换言之，由于流民涌入，城镇手工业劳力充足了，小商小贩队伍壮大了，生活性服务人员也增多了，"城镇人口"迅速膨胀，城乡间人口与商品流动加快，全国商业市场网络初步形成，区域性城镇商业化趋势增强。特别是北京周边、长江中下游、大运河沿岸及华南部分地区的商业市镇渐趋繁密。商品经济蔓延，社会风气的随之趋于"商业化"。当时，无论城镇还是乡村，重商意识越发流行。如丘濬所言："今夫天下之人，不为商者寡矣。士之读书，将以商禄；农之力作，将以商食；而工、而隶、而释氏、而老子之徒，孰非商乎？吾见天下之

---

① 蒋冕：《琼台诗话》卷下，清光绪八年（1882）刻本。

② 丘濬：《琼台诗文会稿重编》卷4《丁酉春偶书》，明天启三年刻白口本。

③ 如李洵先生所论："中国封建社会开始发生新的也是重大的变化大约在十五世纪中叶以后，这个变化伴随着明王朝的衰弱开始的。"（李洵：《正统皇帝大传》，辽宁教育出版社1993年版，第3页）林金树先生《人口流动及其社会影响》一文认为："如果说明代是中国由古代社会向近代社会的转型期，成、弘则可以说是这个转型的开端。或者说，中国近代社会转换，可以追溯到明代成、弘时期。"（万明主编《晚明社会变迁问题与研究》，商务印书馆2005年版，第36页）类似观点之作者在此恕不一一列出。

人，不商其身而商其志者，比比而然。"① 竞奢之风也愈演愈烈。奢靡之风浸淫，民众价值观念骤变。明初公认的道德规范至此仅仅成为胆小怕事的"窝囊者"及循规蹈矩的"落伍者"不敢逾越的框框，不守常规、巧取豪夺者成为时代的"幸运儿"；世人竞以追逐奢靡为时尚，金钱至上，整个社会呈现"礼崩乐坏"态势。显见，成化时期的明朝进入以经济社会自组织为主要途径、以商业社会构建为核心内容的早期商业化时代。问题在于，这种社会商业化建立在自耕农破产、农民贫困化基础之上。凡此，这种"商业化"不仅拉大了城乡居民经济与社会生活水平差距，城乡之间矛盾亦不断激化，贫困乡村成为拖垮城镇社会的决定性的破坏力量，城镇亦多陷入奢靡化"自残"地步。大明帝国至此实则滑入了一个波谲云诡的畸形商业化时代。可以说，晚明是一个在烂熟的传统思想道德文化圈里滋生着反传统"异质"文化的过渡时期，是一个"传统"与"反传统"并存而彼此颉颃的特殊历史阶段，各种矛盾与问题交织，传统经济生活与社会秩序则陷于逐渐被"否定"之"窘境"。

目睹社会种种变化，随着年事日高，丘濬感到来日无多，越发自励以报效国家。成化十五年（1479），时年五十九岁的丘濬利用业余时间，投身于《大学衍义补》的撰述。该书名为"续补"真德秀所撰《大学衍义》，实为以明中期经济社会等问题为思考对象，广征儒家经典、史籍及先儒的经世主张，通过"按语"形式，点评历代治国理政举措之利弊，广泛深入地探讨明朝建国百年来的经济、政治、文化、社会等各方面问题，具体提出自己的经世理念与治国策略，是一部规模宏大的救时之作。

《大学衍义补》全书一百六十卷，卷首为《审几微》一节，补《大学衍义》之子目《诚意正心之要》余绪。正文以"治国平天下之要"为纲，立《正朝廷》《正百官》《固邦本》《制国用》《明礼乐》《秩祭祀》《崇教化》《备规制》《慎刑宪》《严武备》《驭夷狄》《成功化》十二目，其下又分一百一十九子目，全书一百四十余万字，集明代及明以前儒家治国思想之大成，志在全体大用，"体用"结合。概言之，《大学衍义补》的经世治国理念与主张，是以明中期社会经济变迁为背景与思考对象的救时之举，是儒家"治道"与"治法"有效整合、旨在适应社会发展的一次升华。丘濬从政治高度就国是予

① 丘濬：《重编琼台稿》，上海古籍出版社 1991 年版，第 705 页。

以深刻检讨，明确提出"立政以养民"① 等救时理念。如丘濬在其所著《大学衍义补》及奏疏中，借古喻今，反复强调养民政治观："自古圣帝明王，知天为民以立君也，必奉天以养民。凡其所以修德以为政，立政以为治，孜孜然，一以养民为务……秦汉以来，世主但知厉民以养己，而不知立政以养民。此其所以治不古若也欤。"② 丘濬还指出："国之所以为国者，民而已。无民，则无以为国矣。明圣之君，知兴国之福在爱民，则必省刑罚、薄税敛、宽力役，以为民造福。民之享福，则是国之享福也。彼昏暴之君，视民如土芥，凡所以祸之者，无所不至。民既受祸矣，国亦从之。无国则无君矣。国而无君，君而无身与家，人世之祸，孰有大于是哉?"③ 既然"人君之治，莫先于养民"④，如何养民呢？丘濬较为系统地提出了"正朝廷""正百官""固邦本""制国用""明礼乐""慎刑罚"等养民理念与措施。其中，"为民理财"是丘濬救时之核心思想。丘濬指出："安养斯民之政，在开其资财之道。"⑤ 那么，朝廷是为"己"理财还是为民理财呢？丘濬提出"为民理财"主张，谓："理财者，乃为民而理，理民之财尔。岂后世敛民之食用者，以贮于官而为君用度者哉？古者藏富于民，民财既理，则人君之用度无不足者。故善于富国者，必先理民之财，而为国理财者次之。"⑥ 又称："天生五材，民并用之，君特为民理之耳，非君所得而私有也。"⑦ 丘濬明确了"财"的民生意义，肯定人们追求"利"与"财"的合理性，⑧ 并提出"各得其分"及"各安其分"的理财原则，反对平均主义。⑨ 丘濬主张培育市场、发展工商业，并视其为"为民理财"的重要

---

① "养民"一词首见于《尚书·大禹谟》，即"德惟善政，政在养民"。丘濬以前，"养民"仅是儒家推崇的政治观念而已。明中期，丘濬完成了以"蓄民之生""制民之产""重民之事""宽民之力""悯民之穷""恤民之患""除民之害""择民之长""分民之牧""询民之瘼"等为主要内容、体系完备的养民思想。具体内容见《大学衍义补》卷十三至十九，卷六十七、卷八十二。
② 丘濬：《大学衍义补》，京华出版社 1999 年版，第 5 页。
③ 丘濬：《大学衍义补》，京华出版社 1999 年版，第 120 页。
④ 丘濬：《大学衍义补》，京华出版社 1999 年版，第 128 页。
⑤ 丘濬：《大学衍义补》，京华出版社 1999 年版，第 158 页。
⑥ 丘濬：《大学衍义补》，京华出版社 1999 年版，第 197 页。
⑦ 丘濬：《大学衍义补》，京华出版社 1999 年版，第 208 页。
⑧ 丘濬：《大学衍义补》，京华出版社 1999 年版，第 197 页。
⑨ 丘濬：《大学衍义补》，京华出版社 1999 年版，第 202 页。

手段，即人们"以其所有易其所无，各求得其所欲而后退，则人无不足之用。民用具足，是国用有余焉"①。丘濬肯定人们追求财富的合理性，强调物质财富对民生与社会稳定的决定性作用，并提出培育市场、发展工商业及海外贸易等重要经济理念。凡此，都是丘濬处于"无为"之境的有为之举，是其忠于职守、心系民生与国家的儒臣本分。

（二）好学廉介：丘濬的为人之道

"内圣外王"，由修身而齐家而治国而平天下，是儒家人格成长与经营世功的基本路径与逻辑谱系。《大学》云："古之欲明明德于天下者，先治其国。欲治其国者，先齐其家。欲齐其家者，先修其身……身修而后家齐，家齐而后国治，国治而后天下平。自天子以至于庶人，壹是皆以修身为本。"② 丘濬饱读经书，深谙其道，信仰儒家学说，知行合一，成就一代儒家人生模范。如明人焦竑撰《玉堂丛语》载："世称丘文庄不可及者三：自少至老，手不释卷，好学一也；诗文满天下，绝不为中官作，介慎二也；历官四十载，仅得张淮一园，邸第始终不易，廉静三也。"③《明史》亦称："濬廉介，所居邸第极湫隘，四十年不易。性嗜学，既老，右目失明，犹披览不辍。"④ 事实上，好学、介慎及廉静是丘濬的基本品格。

金榜题名，丘濬官居翰林院清要之地，光宗耀祖，衣食无忧。一般说来，读书人"头悬梁""锥刺股"，勤奋读书而博取功名目的至此已达到。对于丘濬而言，此时，书中"千钟粟""颜如玉"及"黄金屋"已在掌中。其后，一般说来，新贵们会追名逐利于庙堂之上，攀缘附会于权贵中间，觥筹交错，宴飨自如，享受人生。然而，丘濬没有这样做，而是"手不释卷"，读书学习成为他终身习惯与追求，可谓终生学习者。史称：丘濬"既官翰林，见闻益广，尤熟国家典故，以经济自负。"⑤ 为了读书，他在自家庭院建起"槐荫书屋"，藏书其中，潜心读书，勤于著述。如丘濬自称："予日居其间，翻阅书史，口诵心惟，凡古圣贤所以用心而著于书，古帝王所以为治而具于经史者，与夫古

---

① 丘濬：《大学衍义补》，京华出版社 1999 年版，第 237、263 页。
② 郭兰芳：《大学浅解》，中国社会科学出版社 2003 年版，第 82 页。
③ 焦竑：《玉堂丛语》，中华书局 1987 年版，第 227 页。
④ 张廷玉等：《明史》，中华书局 1974 年版，第 4810 页。
⑤ 张廷玉等：《明史》，中华书局 1974 年版，第 4808 页。

今儒生骚客所以论理道写清景而寓于编简者，皆得于此乎。神交梦接之，而肆吾力焉。"①

丘濬为人处事讲原则，直道而行，清廉自律，实事求是，不畏权贵，故有"廉介"之名。如丘濬曾"与修《英庙实录》，或谓于少保之死，当著其不轨，丘曰：'乙巳之变，微于公，天下危矣。人挟私诬之，其可信乎？'或谓黄竑易储之奏出尚书江渊，丘曰：'竑杀其兄，而以此觊免死。且广西奏楮用土产，易辨也。'索其奏验之，果土楮"②。可见，丘濬能为于谦正名，能揭黄竑之伪，心底无私，坦坦荡荡而为之，不以身价利益为计。又，史称丘濬"文章雄浑壮丽，四方求者沓至。碑铭序记词赋之作，流布远迩，然非其人，虽以厚币请之，不与"③。然而，丘濬实事求是之举，竟遭来诸多诋毁。如《玉堂丛语》据传闻而载："琼台丘公濬，学博貌古，然心术不可知，人谓阴主御医刘文泰讦奏三原公令人作传事，可见其概矣。"④ 时人何乔远称："丘濬立朝有险谲之名，读书宿儒亦岂宜尔。若迁与允，疑有之矣。"⑤

成化以来，明朝日趋腐败，官场黑暗，官吏躁进，贪污纳贿公行。然而，丘濬能够洁身自好，廉洁自律，这是难能可贵的。如丘濬亦诗云："仕途险似万重山，面面巉岩步步难。我欲直行行不得，曲行逆礼讵能安？"⑥ 又，丘濬生活简单简朴，居室卑陋而四十年不易，俸禄除了基本生活用度，剩余全部献给国家。待其棺椁南归之际，"除钦赐白金绮币外，囊无赢资，行装惟图书数万卷而已"⑦。

（三）余论

论及世间人物，孟子有言："有事君人者，事是君则为容悦者也；有安社稷臣者，以安社稷为悦者也；有天民者，达可行于天下，而后行之者也；有大人者，正己而物正者也。"（《孟子·尽心上》）孟子以后，"事君人者""安社

---

① 丘濬：《琼台诗文会稿重编》卷19《槐荫书屋记》，明天启三年刻白口本。
② 焦竑：《玉堂丛语》，中华书局1987年版，第151页。
③ 正德《琼台府志》卷27《冢墓》，天一阁藏明代方志选刊续编。
④ 焦竑：《玉堂丛语》，中华书局1987年版，第279页。
⑤ 谈迁：《国榷》，中华书局1958年版，第2670－2671页。
⑥ 丘濬：《重编琼台稿》，上海古籍出版社1991年版，第74页。
⑦ 正德《琼台府志》卷27《冢墓》，天一阁藏明代方志选刊续编。

稷臣者""天民者"及"大人者"等分别成为读书人实现自我价值之人生目标。其中，饱读诗书、深谙儒学经义的丘濬也曾思考着自己的理想人生。

丘濬在《欲择〈大学衍义补〉中要务上献奏》称："凡古今治国平天下要道，莫不备载。而于国家今日急时之先务，尤缕缕焉。臣自幼殚力竭神以为此书……凿凿乎皆古人已行之实事，而在今日似亦有可行者。非若郑康成之训经义泛滥无益也，非是王安石之假经言变乱纷更也。其中所载，虽皆前代之事，而于今日急先切要之务尤加意焉。"① 综上，不难得出，丘濬所"为"，乃为社稷之谋，而非身家名利。从仕途视之，亦然。成化二十三年（1487），明孝宗看罢《大学衍义补》，"称善，赉金币，命所司刊行。特进礼部尚书，掌詹事府事。修《宪宗实录》，充副总裁。弘治四年（1491），书成，加太子太保，寻命兼文渊阁大学士参预机务。尚书入内阁者自濬始，时年七十一矣"。② 在其位，谋其政。入居内阁的丘濬年过古稀，体弱多病，他"恐有负皇上之所委任，误国家之大事，妨天下之贤才"，连续上疏请求辞去"阁臣"而告老还乡。③ 丘濬此举，并非以个人身家荣辱为计，而是以国事为重。然而，明孝宗坚决不允。丘濬感叹："六疏求归未得归，可堪临老履危机。云龙际合真难遇，海燕孤单慢自飞。黄吻读书初志遂，白头归隐素心违。此身已属皇家有，空向秋风叹式微。"④

丘濬作为明中期中央重臣，是一位学识渊博的大学者，也是一位有着强烈政治责任感与使命感的士大夫，其政治上的热情表现为政治上的理想主义与生活上的强烈自律倾向。他把儒学元典中的民本思想与民本政治化作为现实生活目标与动力，并尝试以之改造政治、改造社会，回归"民本"初心。为此，丘濬的理想政治与理想社会诉求表现为政治上的执着，并努力实现之。无疑，这也是一个充满政治理想的"读书人"对现实社会新变化新刺激的一种经世救时反应模式。然而，高度中央集权与君主专制统治强烈排斥丘濬在儒家经典中发微的"民本政治"思想，现实毕竟不是"理想社会"。故而，丘濬"不合时宜"的政治理念与社会期待遭到"合时宜"人物的讥讽与排斥。丘濬当时备感

---

① 丘濬：《重编琼台稿》，上海古籍出版社1991年版，第133页。
② 张廷玉等：《明史》，中华书局1974年版，第4809页。
③ 丘濬：《琼台诗文会稿重编》卷1《入阁辞任第三奏》，明天启三年刻白口本。
④ 丘濬：《琼台诗文会稿重编》卷5《辛亥思归偶书》，明天启三年刻白口本。

孤独，我们无法感知丘濬当时是有着"曲高和寡"的怅惘还是有着"众人皆浊我独清"的痛楚。不过，他曾感叹："方年少气锐之时，意欲奋发有为。今则阅世久而历事多，始知天下之事思之非不烂熟，但恐做时不似说时，人心不似我心。"① 直到古稀之年，丘濬才得以晋升为文渊阁大学士以典机务。然而，此时的他体衰多病，无能为也，如其在《入阁辞任第二奏》中称："今幸不为圣明所弃，正臣竭诚尽力摅平生所学以死报国之秋也。顾乃屡行奏章以辞宠命，夫岂其本心哉？盖时不待人，死期将近，虽欲陈列就力，不能也已。是以捧读手敕，感激之极不觉泪零。既而自恨自叹儒生薄命，一至于此，上负圣恩，下孤素志，兴言及此，中心惘然。伏望皇上察臣由衷之辞，实非虚伪之让，悯其老病，赐以生还。"②

① 丘濬：《重编琼台稿》，上海古籍出版社 1991 年版，第 129 页。
② 丘濬：《重编琼台稿》，上海古籍出版社 1991 年版，第 128 页。

第一章　成化症候

所谓"成化症候"，不是"资本主义萌芽"的别称，也不是晚明①代名词，提出这一概念是为了探索明亡原因及相关历史现象，旨在寻求一种问题思考路径。明中叶以降，特别是成化（1465—1487）以来，明代严重的环境威胁与深层次的社会近代转型带来的社会失范问题并发，二者进而恶性互动，加重了人们的恐慌心理，也加剧了社会动荡——这是历史上少有的"新现象"，本书称之为"成化症候"。本书所谓"成化症候"，在时间上系指明中后期，即成化至崇祯时期（1628—1644）；在经济生活特征上，是指传统社会早期商业化时期；在社会性质上，系指处于传统农业社会的特殊状态——"灾害型社会"时期。

第一节　"灾害型社会"陷阱

论及"成化症候"，首先当从成化帝这位皇帝论起，继而当是"灾害型社会"。如此，我们对"成化症候"的认识才不会感到"突然"。

一、成化帝"身后评"

"成化"是明朝第八位皇帝明宪宗朱见深（1447—1487）的年号。朱见深

---

① 明史学家方志远先生撰文称，成化时代（1465—1487）开始了明代社会由讲究节俭到追求奢靡、由政府控制到个性发展、由"严肃冷酷"到"自由奔放"的明代社会转型时代。见方志远：《"传奉官"与明成化时代》，《历史研究》2007 年第 1 期。

的父亲是明英宗朱祁镇，也算是"大名鼎鼎"的皇帝。正统十四年（1449），面对蒙古瓦剌部挑衅。是时，政治上还不成熟的年轻的明英宗朱祁镇受太监王振蛊惑，御驾亲征，率领50万大军出击蒙古瓦剌部。这位"天真"的皇帝幻想一举荡平瓦剌蒙古势力，扫除明朝北部威胁，一劳永逸。然而，出师未捷，连遭惨败，50万明朝大军遭到瓦剌大军围追堵截，死亡过半，明英宗兵败被俘，史称"土木之变"。国不可一日无主，明英宗之弟朱祁钰称帝，改元景泰，尊明英宗为太上皇，以绝瓦剌部首领也先要挟之心。1450年，瓦剌部送回明英宗。景泰八年（1457），做了八年"太上皇"的明英宗通过"夺门之变"（亦称"南宫之变"）再次当上皇帝，改年号天顺。天顺八年（1464）正月，38岁的明英宗驾鹤西去，年仅16岁的太子朱见深即皇帝位，君临天下。第二年（1465），改年号为成化。明宪宗朱见深在位23年，享年41岁。

关于成化帝的政治评价，明清官修正史基本持肯定观点，认为他是一位天平天子，还是一位不错的皇帝。如明修《明宪宗实录》称赞成化帝宽厚有容，用人不疑，且"一闻四方水旱，蹙然不乐，亟下所司赈济，或辇内帑以给之；重惜人命，断死刑必累日乃下，稍有矜疑，辄以宽宥……上以守成之君，值重熙之运，垂衣拱手，不动声色而天下大治"①。清修《明史》则称："宪宗早正储位，中更多故，而践祚之后，上景帝尊号，恤于谦之冤，抑黎淳而召商辂，恢恢有人君之度矣。时际修明，朝多耆彦，帝能笃于任人，谨于天戒，蠲赋省刑，闾里日益充足，仁、宣之治于斯复见。顾以任用汪直，西厂横恣，盗窃威柄，稔恶弄兵。夫明断如帝而为所蔽惑，久而后觉，妇寺之祸固可畏哉。"② 然而，否定成化帝的评价也不少，在此不赘述。

当代学者一般认为，明宪宗并非励精图治之人，却是用情专一的痴情皇帝。他始终宠爱万贵妃，信用宦官，致使政治黑暗，生出许多事来。如《剑桥中国明代史》称，成化帝大脸蛋，反应有些迟钝，说话严重口吃，在决策方面优柔寡断，一生宠爱大他19岁的万贵妃，贪婪钱财，建立皇庄，"传奉官"满天飞，听任宦官外戚胡作非为。凡此种种，威胁王朝利益的邪恶得以产生。③

---

① 《明宪宗实录》卷293，成化二十三年九月乙卯条。

② 张廷玉等：《明史》，中华书局1974年版，第181页。

③ 崔瑞德、牟复礼：《剑桥中国明代史》，中国社会科学出版社1992年版，第340－341页。

当代明史学家方志远指出："成化帝即位时，明朝立国已近百年。经过太祖、太宗的长期经营，以及洪熙、宣德、正统时的政策调整，已经形成了比较成熟的政治体制与管理模式；'土木之变'后，蒙古瓦剌部势力迅速分化，北边无强敌压境，东南的倭寇也尚未形成气候；经过军事力量的打击和因时因地制宜的安抚，闹腾一时的荆襄流民和广西瑶民也得到了平息。可以说，这是一个既无内忧也无外患的时期，成化帝继承的正是这样一个太平家业……喜读书、乐戏曲、昵方术、擅书画、好收藏，一切太平天子喜欢的东西成化帝都喜欢而且学有专长……可以说，是一个内向口吃却具有艺术家气质的皇帝。"① 明史学家赵轶峰认为："即位之初，成化帝先后平反于谦的冤狱、恢复团营之制，起用前朝被贬正臣，颇有振作之意。但不久以后，他就沉溺于神仙声色之中，又设立由宦官掌握的西厂，从事特务监察活动，致使朝政日益紊乱，政局黑暗。"②

如何评价成化帝？学界暂未有一致定论。不过，一个事实不容置疑——身为皇子的朱见深，养于深宫，在宦官与"妇人"护翼下成长；为皇储时的朱见深，因为父皇政治变故，储位一再废立，他并没能得到完整系统的皇储教育。③即位之时，朱见深尚未成年，政治上懵懵懂懂，缺乏主见。然而，他能为景帝上尊号，为于谦冤狱平反，亲贤臣远小人，政治气象一新。这些举措，至于是不是出于成化帝本意，无从考知。然而，当时的皇帝是他。随后，他的"文艺范"情结越发强烈，看戏听曲画画，沉迷其中，乐此不疲；他对"爱情"更为专注，与万贵妃朝朝暮暮。要紧的是，他是皇帝，他要治理偌大个国家，方方面面都要用心，而他对政治和社会缺少必要的认识与经验，治国较为任性和放任，似乎有些盲目，几乎没有明确的治国目标和基本政治手段，只是在明初基本政治架构的有力支撑下，在部分尚有道德责任心与政治理想的官员的护持下，才能勉强维持大明帝国运转下去。事实上，成化帝虽为自己留下天平天子的名声，却为大明帝国留下了"灾害型社会"。

二、"灾害型社会"陷阱

近代启蒙思想家严复认为："（一个王朝）积数百年，地不足养，循至大

① 方志远：《"传奉官"与明成化时代》，《历史研究》2007 年第 1 期。
② 赵毅、赵轶峰：《中国古代史》（下册），高等教育出版社 2010 年版，第 293 页。
③ 赵玉田：《明代的国家建制与皇储教育》，《东北师大学报》2001 年第 4 期。

乱，积骸如莽，血流成渠。时暂者十余年，久者几百年，直杀至人数大减，其乱渐定。乃并百人之产以养一人，衣食既足，自然不为盗贼，而天下粗安。生于民满之日而遭乱者，号为暴君污吏；生于民少之日而获安者，号为圣君贤相。二十四史之兴亡治乱，以此券也。"① 严复所论，值得我们深思。尽管人地关系不是分析历史人物"功过"及考察社会治乱兴衰原因的唯一标准与视角，但是，历史上的人地关系在一定程度上对社会治乱与政治状态有着重要影响，不可小觑，更不能漠视。严复所论"二十四史之兴亡治乱"之"券"，在明代亦有大相类似之"券"。

　　明初，时逢元明之际大乱之后，灾荒与兵燹造成大量人口死亡，地广人稀，君臣励精图治，朝廷鼓励垦荒，蠲免赋税，减轻徭役，民众经济生活向好，社会秩序基本稳定。然而，正统（1436—1449）以来，局面发生改变，承平日久，人口增加过快，人地矛盾加剧，民生日趋贫困，灾荒累积，灾区不断增多与扩大，灾民与流民数量剧增，乡村动荡不安。如正统二年，"行在户部主事刘善言：比闻山东、山西、河南、陕西并直隶诸郡县，民贫者无牛具种子耕种，佣丐衣食以度日，父母妻子啼饥号寒者十有八九。有司既不能存恤，而又重征远役，以故举家逃窜"。② 正统五年，"行在都察院右佥都御史张纯奏：直隶真定、保定等府所属州县人民饥窘特甚，有鬻其子女以养老亲者，割别之际，相持而泣，诚所不忍。臣已倡率郡邑官员助资赎还数十口，然不能尽赎……行在大理寺右少卿李畛奏：直隶真定府所属三十二州县民，缺食者三万四千八百八十余户"。③ 正统十二年，监察御史陈璞等奏："山东、湖广等布政司，直隶淮安等府、州、县，连被水旱，人民艰食。或采食野菜树皮苟度朝昏，或鬻卖妻妾子女不顾廉耻，或流移他乡趁食佣工骨肉离散，甚至相聚为盗。"④ 景泰以后，明代灾荒严重程度有增无减。如天顺元年（1457），官员奏报："今山东、直隶等处，连年灾伤，人民缺食，穷乏至极，艰窘莫甚。园林桑枣、坟茔树砖砍掘无存。易食已绝，无可度日，不免逃窜。携男抱女，衣不遮身，披草荐蒲席，匍匐而行，流徙他乡，乞食街巷。欲卖子女，率皆缺食，

---

① 严复：《严复集》，中华书局 1986 年版，第 87 页。
② 《明英宗实录》卷 34，正统二年九月癸巳条。
③ 《明英宗实录》卷 64，正统五年二月己丑条。
④ 《明英宗实录》卷 153，正统十二年闰四月己卯条。

谁为之买，父母妻子不能相顾，哀号分离，转死沟壑，饿殍道路，欲便埋葬，又被他人割食，以致一家父子自相食。皆言往昔曾遭饥饿，未有如今日也。"① 时人称：是时"田野不辟，圩岸不修，故稍遇饥馑，即流殍满路，盗贼纵横"。②

成化以来，气候转冷，③ 生态环境灾变频率加快，各地水旱灾害明显增多，灾民人数剧增。据鞠明库研究："明前期年均发生自然灾害约为15.5次，中期年均24.2次，后期年均19.1次。明后期的灾害频度虽高于明前期，但低于明中期。"④ 天灾次数增多，饥荒日趋严重，民生更加困苦，饥民数量剧增。如成化九年八月，官员叶冕称："顺德、广平、大名、河间、真定、保定六府赈济过饥民六十九万一千七百三十六户，用粮七十五万三百石有奇。"⑤ 而且，灾区面积大，跨州连府，甚至一地连年灾荒。凡此，灾区民生极为悲惨。如成化九年，都察院司务顾祥奏："山东地方人民饥荒之甚，有扫草子、剥树皮、割死尸以充食者。"⑥ 再如成化二十年，山西连年灾荒，平阳一府逃移者约30万人，其中安邑、猗氏两县饿死男女多达六千七百余口，蒲解等州、临晋等县饿莩盈途，不可数计，以至于"父弃其子，夫卖其妻，甚至有全家聚哭投河而死者，弃其子女于井而逃者"。⑦ 而且，灾荒背景下，灾民、饥民、流民，还有"盗贼"，一并汇成冲击传统乡村社会秩序的强大的破坏性力量。成化时期，民众聚众"暴乱"抢劫之事屡屡发生。如成化十三年，兵部奏："近闻通州、河西务，南抵德州、临清，所在盗起，水陆路阻。加以顺天、河间、东昌等府岁饥

---

① 《明英宗实录》卷278，天顺元年五月丁丑条。

② 《明英宗实录》卷278，天顺元年五月己卯条。

③ 竺可桢先生撰文指出：历史上，我国的气候一直处在冷暖交替之中。公元前3000—前1100年仰韶至殷商时代为温暖期；公元前1000—前850年为西周寒冷期；公元前770—公元初年为战国秦汉温暖期；公元一世纪到公元600年为东汉至魏晋南北朝寒冷期；公元600—1000年隋唐至辽、北宋之际为温暖期；公元1000—1200年为两宋、辽、金寒冷期；1200—1300年为元代温暖期；1300—1900年明清时期进入严寒期。（具体内容见竺可桢：《中国五千年来气候变迁的初步研究》，《考古学报》1972年第1期）笔者认为，明代旱灾多于水灾，尤其是北方地区，旱灾尤为严重，饥荒频发，与明清时期的"寒冷气候"是分不开的。

④ 鞠明库：《灾害与明代政治》，中国社会科学出版社2011年版，第68–69页。

⑤ 《明宪宗实录》卷119，成化九年八月丙子条。

⑥ 《明宪宗实录》卷119，成化九年五月壬辰条。

⑦ 《明宪宗实录》卷256，成化二十年九月己酉条。

民困，不早为扑灭，驯致滋蔓，贻患实深。"① 加之疫病流行威胁及社会失范效应。②

成化中后期，灾荒愈重，流民遍野，灾区饿殍剧增，灾区人吃人事件频发。若以灾年人吃人事件为考察对象，不难发现，成化二十年以后，特别是成化二十一年至二十二年之间，是灾区人吃人事件的高发期。成化二十一年左右，中原等地持续发生罕见灾荒，区域灾区化严重，而且动辄数省发生灾荒。成化二十一年正月，浙江道监察御史汪奎等奏："陕西、山西、河南等处连年水旱，死徙太半。今陕西、山西虽止征税三分，然其所存之民，亦仅三分，其与全征无异……陕西、山西、河南等处饥民流亡，多入汉中郧阳、荆襄山林之间，树皮草根食之已尽，骨肉自相噉食。"③

研究表明，成化以前，"人吃人"事件不多；成化以后，不绝于书。如成化二十年七月，"巡抚陕西右副御史郑时等奏：陕西连年亢旱，至今益甚，饿莩塞途，或气尚未绝已为人所割食。见者流涕，闻者心痛，日复一日。"④ 可以说，成化时期标志着明代进入灾年"人吃人"的恐怖历史时期。酿成成化时期"灾年人吃人"悲剧原因大致有三：一是连年灾荒，人民贫困至极，饥饿至极；二是政府的救济不力，灾区社会控制失措；三是灾民的社会心理错位、精神状态消极偏激。"人相食"本身及其影响对于社会传统伦理道德的冲击具有颠覆性，造成民众心理创伤是长期的巨大的，对于灾民心理恢复及灾区社会道德重建的负效应是无可估量的。

成化时期，灾荒问题已不再是区域性问题，而成为严重的全国性问题，"三荒现象"已经形成。所谓"三荒现象"，系指"灾荒""人荒""地荒"三

---

① 《明宪宗实录》卷167，成化十三年六月癸卯条。
② 明代华北地区的疫病特别频繁且严重。如"成化十八年（1482），山西连年荒歉，疫病流行，死亡无数。弘治十七年（1504），荥河、闻喜瘟疫流行"（见张剑光：《三千年疫情》，江西高校出版社1998年版，第317–318页）。社会失范是指这样一种社会生活状态：一个社会既有的行为模式与价值观念被普遍怀疑、否定或被严重破坏，逐渐失却对社会成员的约束力，而新的行为模式与价值观念又未形成或者尚未为众人接受，从而使社会因缺少必要社会规范约束而混乱动荡。（具体内容参见郑杭生、李强等：《社会运行导论——有中国特色的社会学基本理论的一种探索》，中国人民大学出版社1993年版，第447–448页）
③ 《明宪宗实录》卷260，成化二十一年正月己丑条。
④ 《明宪宗实录》卷254，成化二十年七月庚寅条。

者在空间上耦合、在时间上相继发生的一类极其悲惨的灾区民生状态与乡村聚落荒废的现象。其中，"灾荒"是指天灾频发，饥荒严重；"人荒"是指饥民逃荒，灾区人口锐减；"地荒"是指耕地抛荒，土地荒芜。"三荒"发生次序为："灾荒"发生，"人荒"随之出现，"地荒"接踵而至。灾区乡村社会遂呈自然化倾向，终是村落萧疏，荒草弥漫。"三荒现象"主要发生在乡村，实际上是乡村社会与生态环境恶性互动而形成的灾区社会自然化现象。实质上，"三荒现象"是一种表象，其生成与持续，是"灾害型社会"使然。明代社会仍为乡村制导，乡村社会乃是左右明代社会治乱及安危的决定性力量。成化以来，乡村贫困化，农民贫困化，朝廷救灾能力弱化，政府在救灾中的作用微乎其微，天灾反倒成为左右明代乡村社会治乱的决定性因素，而明代又是乡村制导社会。这种社会状态，本书称之为"灾害型社会"。"灾害型社会"里，相对于自然灾害破坏力而言，政府的社会控制能力与民生保障能力明显不足，甚至严重缺失，社会经济生活状态完全受制于自然状况与自然灾害程度。从上述论述中不难得出，从最广大民众的生存状态而言，成化以来的明代社会，已是"灾害型社会"定型时期。

由弘治（1488—1505）而正德（1506—1521）而嘉靖（1522—1566），各地水旱灾相仍。由于政府财力日蹙，救荒多为空谈，造成饥荒连年，"灾区"蔓延。如嘉靖初，江南闹水灾，大学士杨廷和等称："淮扬、邳诸州府见今水旱非常，高低远近一望皆水，军民房屋田土概被淹没，百里之内寂无爨烟，死徙流亡难以数计，所在白骨成堆，幼男稚女称斤而卖，十余岁者止可得钱数十，母子相视，痛哭投水而死。官已议为赈贷，而钱粮无从措置，日夜忧惶，不知所出。自今抵麦熟时尚数月，各处饥民岂能垂首枵腹、坐以待毙？势必起为盗贼。近传凤阳、泗州、洪泽饥民啸聚者不下二千余人，劫掠过客舡，无敢谁何。"[①] 嘉靖末年以来，"三荒"问题普遍化，"灾害型社会"进入崩解阶段。如时人林俊（1452—1527）称："近年以来，灾异迭兴，两京地震……陕西、山西、河南连年饥荒，陕西尤甚。人民流徙别郡，京、襄等处日数万计。甚者阖县无人，可者十去七八，仓廪悬磬，拯救无法，树皮草根食取已竭，饥荒填路，恶气熏天，道路闻之，莫不流涕。而巡抚巡按三司等官肉食彼土，既知荒

---

① 《明世宗实录》卷34，嘉靖二年十二月庚戌条。

旱，自当先期奏闻，伏候圣裁。顾乃茫然无知，恝不加意，执至若此，尚犹顾盼徘徊，专事蒙蔽，视民饥馑而不恤，轻国重地而不言。"① 万历后期，明朝进入覆亡最后阶段。不仅表现在政治腐败与阶级矛盾激化，还表现在"灾害型社会"区域扩大化，灾荒问题全国化，社会动荡加剧。如官员冯琦称："自去年（万历二十六年）六月不雨，至于今日三辅嗷嗷、民不聊生，草茅既尽，剥及树皮，夜窃成群，兼以昼劫，道殣相望，村突无烟。据巡抚汪应蛟揭称，坐而待赈者十八万人……数年以来，灾儆荐至。秦晋先被之，民食土矣；河洛继之，民食雁粪矣；齐鲁继之，吴越荆楚又继之，三辅又继之。老弱填委沟壑，壮者展转就食，东西顾而不知所往……今闾阎空矣！山泽空矣！郡县空矣！部帑空矣！国之空虚，如秋禾之脉液将干，遇风则速落；民之穷困，如衰人之血气已竭，遇病则难支。"②

明代仍是乡村制导社会。成化以来，大明帝国天灾频发，政府救灾不力，农民贫困问题严重化，灾荒问题更加恶化，"灾区"此起彼伏且已呈常态化、扩大化及严重化趋势。灾民生存无法保障，朝廷控制灾区与救助灾民的能力严重弱化乃至丧失，进而催生部分地区进入"灾害型社会"状态。所谓"灾害型社会"，系指自然灾害成为左右社会安危的主要因素的一种社会存在状态。成化以来的明代社会开始陷入"灾害型社会"。是时，以农民为灾民主体、以乡村为主要灾区的"灾区社会"成为刺激并加重整个明代社会"灾变"的"新的灾因"，成为新的"灾区"及"灾民"的主要策源地，成为左右明代社会安危的主要"因素"。成化以来，"灾害型社会"由"点"至"面"，继而使大明帝国陷入"灾害型社会"陷阱。笔者认为，成化以来，以"灾害型社会"为经济社会基础，明代开启早期商业化进程。同时，在密集灾荒的侵袭下，又重复着"灾害型社会"自我否定及自我修复的一而再、再而三的历史"故事"。

---

① 陈子龙：《明经世文编》，中华书局 1962 年版，第 767－768 页。
② 陈子龙：《明经世文编》，中华书局 1962 年版，第 4817－4819 页。

第二节　早期商业化与"人心"迷失

与农民及农村贫困化形势不同，至成化时期，明朝经过百余年发展，社会财富增多了，城镇积累了大量物质财富，而财富也越来越多集中于少部分人手中，社会贫富分化加剧，及时享乐与奢侈之风已逐渐形成。是时，从宴饮到服饰，从服饰到民歌时调，从上层社会到下层社会，从市井到乡里，竞奢风气成为当时城乡社会的普遍现象，社会等级制度及规范受到冲击。较早关注晚明竞奢之风的学者是台湾的徐弘教授与林丽月教授。他们首先提出："嘉靖以后，社会风气侈靡，日甚一日。侈靡之风盛行，消费增加，提供人民更多就业机会，尤其是商品贸迁质与量的增加，更促进商品经济的发达。侈靡之风盛行，又影响明末社会秩序的安定，僭礼犯分之风流行，对'贵贱、长幼、尊卑'均有差等的传统社会制度，冲击甚大。尤其侈靡之风，刺激人们欲望，为求满足私欲，乃以贪污纳贿为手段，破坏嘉靖以前淳厚的政治风气，使贪贿成风，恬不以为怪。而贪黩之风，又倒过来刺激社会风气，使其更趋奢靡。"①

一、成化时期的奢靡之风

成化以后，嘉靖以前，重商观念与拜金主义思潮在社会上颇为盛行，世风由俭入奢。早在天顺元年（1457），社会上已出现奢靡现象。是年，刑科都给事中乔毅等疏请"禁奢侈以节财用。谓财有限而用无穷。进来豪富竞趋浮靡，盛筵宴，崇佛事，婚丧利文僭拟王公，甚至伶人贱工俱越礼犯分，宜令巡街御史督五城兵马严禁之"。② 成化以来，拜金主义与奢靡之风日炙。丘濬痛感："今夫天下之人，不为商者寡矣。士之读书，将以商禄；农之力作，将以商食；而工、而隶、而释氏、而老子之徒，孰非商乎？吾见天下之人，不商其身而商其志者，比比而然。"③ 且"凡百居处食用之物，公私营为之事，苟有钱皆可以致也。惟无钱焉，则一事不可成，一物不可用"。④ 又如时人何瑭（1474—

---

① 徐泓：《明代社会风气的变迁》，载邢义田主编：《社会变迁：台湾学者中国史研究论丛》，中国大百科出版社 2005 年版，第 318 页。
② 《明英宗实录》卷 277，天顺元年四月己丑条。
③ 丘濬：《重编琼台稿》，上海古籍出版社 1991 年版，第 205 页。
④ 丘濬：《大学衍义补》，京华出版社 1999 年版，第 208 页。

1543）称："自国初至今百六十年来，承平既久，风俗日侈，起自贵近之臣，验及富豪之民。一切皆以奢侈相尚，一宫室台榭之费，至用银数百辆，一衣服燕享之费，至用银数十两，车马器用务极华靡。财有余者，以此相夸，财不足者，亦相仿效。上下之分荡然不知，风俗既成，民心迷惑。至使闾巷贫民，习见奢僭，婚姻丧葬之仪，燕会赇赠之礼，畏惧亲友讥笑，亦竭力营办，甚至称贷为之。官府习于见闻，通无禁约。间有一二贤明之官，欲行禁约，议者多谓奢僭之人，自费其财，无害于治。反议禁者不达人情。一齐众楚，法岂能行。殊不知风俗奢僭，不止耗民之财，且可乱民之志。盖风俗既以奢僭相夸，则官吏俸禄之所入，小民农商之所获，各亦不多，岂能足用？故官吏则务为贪饕，小民则务为欺夺。由是推之，则奢僭一事，实生众弊，盖耗民财之根本也。"①

　　嘉靖以来，以两京、各省都会及江南、华南、大运河沿岸等地为核心区域的城镇繁兴，城镇社会商业化趋势尤为强劲，奢靡之风愈演愈烈，奢侈成为一种生活"习惯"与身份地位象征。如万历年间，时人称："中州之俗，率多侈靡，迎神赛会，揭债不辞，设席筵宾，倒囊奚恤？高堂广厦，罔思身后之图；美食鲜衣，唯顾目前之计。酒馆多于商肆，赌博胜于农工。乃遭灾厄，糟糠不厌。此惟奢而犯礼故也。"②万历二十一年，礼科都给事中张贞观疏请禁奢："今天下水旱饥馑之灾，连州亘县。公私之藏，甚见溃绌，而闾巷竞奢，市肆斗巧，切云之冠，曳地之衣，雕鞍绣縠，纵横衢路。游手子弟，偶占一役，动致千金。婚嫁拟于公孙，宅舍垺乎卿士。懒游之民，转相仿效。北里之弦益繁，南亩之耒耜渐稀。淫渎无界，莫此为甚。"③是年八月，明神宗亦称："近来士庶奢靡成风，僭分违制，依拟严行内外衙门访拿究治，法之不行，自上犯之。近闻在京庶官概住大房，肩舆出入，昼夜会饮，辇縠之下，奢纵无忌如此。"④"竞奢"也促进了奢侈品加工业的发展。如万历年间，时人称："今也，

　　① 陈子龙：《明经世文编》，中华书局1962年版，第1440页。
　　② 钟化民：《赈豫纪略》，《中国荒政全书》（第一辑），北京古籍出版社2002年版，第283页。
　　③ 《明神宗实录》卷263，万历二十一年八月庚戌条。
　　④ 《明神宗实录》卷263，万历二十一年八月庚戌条。

散敦朴之风，成奢靡之俗，是以百姓就本寡而趋末众，皆百工之为也。"① 与奢侈之风的弥漫相伴的，是以"阳明学"为导引，以"百姓日用是道"说为抽绎，宣扬个性解放、反传统及"工商皆本"② 等思想为潮流的早期启蒙思潮的兴起。其中，抒发个性、追求自我、享乐自适，寻新求变之商业文化精神萌生而流行。如自称"不信学，不信道，不信仙、释。故见道人则恶，见僧则恶，见道学先生则尤恶"③ 之"异端"人物李贽（1527—1602）则积极宣扬："士贵为己，务自适。如不自适而适人之适，虽伯夷、叔齐同为淫僻；不知为己，惟务为人，虽尧、舜同为尘垢秕糠。"④ 事实上，竞奢风气和社会生活中的僭越行为结合起来，形成一股横扫社会传统价值观的变异力量，加剧社会失范。民众热衷于奢靡，却不肯、不愿承担国家赋役。奢靡风背后，并未形成商品生产条件下对于旧有观念的真正冲击，而只是更突出地表现了对于享乐的追求。因此，成化以来明代竞奢之风也就很难显现出对于社会发展的推动作用。

另一方面，成化时期，在饥荒折磨下的农民时时面临着死亡威胁或亡命他乡的未卜命途。生亦悲，死亦悲，此等遭遇加剧了农民的躁动心理；城镇奢靡之风加速普通市民贫困的同时，也催生了市民的浮躁情绪。凡此，整个社会都处在躁动与彷徨之中，文风、学风及民风等随之骤变。如成化九年，翰林院编修谢铎疏称："臣窃惟今日治道之本，莫先于讲学。学之道无他，孔子曰智仁勇三者，天下之达德也……臣窃观今日之天下，有太平之形无太平之实，盖因仍积习之久，未免有循名废实之弊。天下之事，恒所令非其所好；天下之人，皆奉意而不奉法。如曰振纲纪，而小人无畏忌；如曰厉风俗，而士大夫无廉耻。"⑤ 如丘濬所言："曩时文章之士固多浑厚和平之作，近（按：指成化时期，下同）或厌其浅易而肆为艰深奇怪之辞"；先前"议政之臣固多救时济世

---

① 张瀚：《松窗梦语》，中华书局 1985 年版，第 97 页。

② 如万历年间兵部右侍郎汪道昆称："窃闻先王重本抑末，故薄农税而重征商。余则以为不然，直壹视而施之耳。日中为市，肇自神农，盖与耒耜并兴，交相重矣……商何负于农？"（汪道昆：《太函集》，卷六五《虞部陈使君榷政碑》，齐鲁书社《四库全书存目丛书》本。）另则，东林党人赵南星亦称："士、农、工、商，（皆）生人之本业"（赵南星：《味檗斋文集》卷七《寿仰西雷君七十序》，《畿辅丛书》本）等。

③ 李贽：《阳明先生道学钞》附《阳明先生年谱后语》，清道光六年刊本。

④ 李贽：《焚书增补》，中华书局 1975 年版，第 258－259 页。

⑤ 《明宪宗实录》卷 119，成化九年八月壬戌条。

之策，近或厌其寻常而过为闳阔矫激之论"。又称："至若讲学明道，学者分内事也，近或大言阔视，以求独异于一世之人。"① 成化十一年，国子监祭酒周洪谟亦指出："洪武间学规整严，士风忠厚。顷来浇浮竞躁，大不如昔。奏牍纷纷，欲坏累朝循次拨历之规，以遂速达之计。且群造谤言，肆无忌惮。"② 可以说，社会陷入了道德与方向迷失的状态。

二、"成化症候"的社会危害

成化时期的频繁灾荒加剧了原本生活贫困而备感迷茫的农民的惶恐不安及悲戚心理；城镇生活日渐奢靡与及时享乐风气亦催生市民的浮躁情绪；拜物教在整个社会中弥漫扩张。社会风气为之一变：节俭不再是为人所看重的美德，贫穷反倒成为令人嘲笑的事情；世人以追逐奢靡生活为时尚，金钱至上，享受第一。至此，明初以来的传统价值观念和道德伦理规范渐已模糊、走样。无论贫苦还是奢靡，失去"规则"与"常态"的现实生活充满迷茫和变数，民众自觉或不自觉地游离于原有"规矩"和"框框"边缘，实则在否定传统、否定社会及否定自我中寻找着传统、寻找着社会、寻找着自我，最终受制于"早期商业化"社会不成熟的事实而陷于思想混乱、无所适从，茫然自失的状态。凡此种种，预示着成化以来的明代社会进入了一个人心迷失的畸形商业化特殊阶段。进而言之，成化以来，随着明代社会沦为"灾害型社会"，整个明代社会处于急剧变化、躁动不安之中。换言之，嗷嗷待哺之灾民与渐次萧索之乡村，商业风气浓郁的城镇及文化自觉中的市民，连同日趋奢靡与浮躁的民众心理等同体异质诸元素耦合变异，一并把明王朝拖进一个波谲云诡、人心彷徨、危机与生机并存的特殊时代——一个充满变数的"灾害型社会"早期商业化时代。

明中叶以来，"成化症候"不断加重。灾荒频发，瘟疫屡作，农业生态环境持续恶化，无地少地的广大农民处于破产与死亡"威胁"之中，朝不保夕，心理普遍趋于脆弱与焦虑；城镇商品经济畸形发展，社会转型造成的失范现象增多，奢靡与"僭越"成风。明初以来原本强势的传统价值观念和伦理道德规

① 丘濬：《琼台诗文会稿重编》卷8《会试策问》，明天启三年刻白口本，第18–19页。
② 《明宪宗实录》卷148，成化十一年十二月辛卯条。

范渐已失去控制人心的功效，社会充满不确定性，危机重重。至此，明代可谓"祸"不单行，天灾与"人祸"密集袭来，天灾不断加重人们焦虑恐惧的心理，社会失范问题又持续加重人们的不安全感，二者恶性互动，"焦虑恐惧心理"与"不安全感"叠加，社会心理表现出普遍性脆弱与紊乱，社会趋于无序。换言之，"成化症候"已经严重威胁明朝统治安全。

第二章　救时与人生

成化时期，明朝进入一个波谲云诡的时代。社会商业化萌动，农民贫困化加剧，"礼崩乐坏"，传统社会危机加深，"成化症候"越发严重，明朝社会危机与统治危机加深。是时，以丘濬为代表的士大夫，以救时为己任，积极探索明王朝出路。

第一节　匡时有术无施处

论及丘濬功业，明代东林党巨擘叶向高有言："孝陵（明孝宗）十八年之治平，实自公启之。经国大业，舍公将谁归哉！公尝论我朝相业，于'三杨'多不满。谓：'当其时，南交叛逆，轩龙易位，敕使西洋，权归常侍，酿成土木之变，谁实为之？'然则公之自负实深，惟是衰暮登庸，设施未究，经济之志徒托之著述，而功业不无少让，此余之所以为公惜。"① 时人小称："公之在位，调濡均平，百吏奉法，百度惟贞。"只是"公晚登政府，疾病半之，故见于功业者，仅若此。然《大学衍义补》一书，其经济之才可见矣。使得久其位，尽行其言，相业岂三君子可及哉！"又言："文为国莘，位登保傅，天既生公，夺之何遽？立言则多，蓄未尽施，方策所存，百世之师。"② 由是观之，时人推崇丘濬功名与学识之余，多有惋惜者。盖因丘濬虽贵为阁臣，胸怀经世济

---

① 丘濬：《琼台诗文会稿重编》卷首，叶向高：《丘文庄公集序》，明天启三年刻白口本，第 7－8 页。
② 正德《琼台志》卷 27《冢墓》，天一阁藏明代方志选刊，第 25 页。"三君子"是指唐朝张九龄，宋朝余靖、崔与之，三人皆岭南籍名士。

民之志，却功业不显。

一、"阁臣"之前：有志用世

丘濬是一位以经世济民为己任的官员。他自称："少有志用世，于凡天下户口、边塞、兵马、盐铁之事，无不究诸心。意谓一旦出而见售于时，随所任使，庶几有以藉手致用。及登进士第，选读书中秘，即预修《寰宇通志》，又于天下地理远近，山川险易，物产登耗，赋税多少，风俗美恶，一一得以寓目焉。是时年少气锐，谓天下事无不可为者，顾无为之之地耳！既登名仕版，且暮授官，可以行吾志矣。"①

然世事难料，时不我与。及至年过半百，垂垂老矣，丘濬仍"忝以文字为职业，然往往用于空言，平生所学，竟不得一施为者"。②但难能可贵的是，漫长的等待并没有消弭丘濬有功于社稷的政治志向与情怀，"舞文弄墨"之中，他一直在提高学识，一直在研究现实社会问题，一直等待着机会。成化十六年（1480），时年六十岁的丘濬被朝廷"加礼部侍郎，掌国子监事"。丘濬尤为珍惜这次难得的参政治事机会。当时，士风颓废，学风不正，民风浇漓，儒生多侈谈心性，鄙视实学与事功。丘濬不畏人言，对这种"风气"大力整顿。史称："时经生文尚险怪，（丘）濬主南畿乡试，分考会试皆痛抑之。及是，课国学生尤谆切告诫，返文体于正。"③而且，他身体力行，力倡经世致用之学，主张文以载道，"逾十年，尊师道，端士习"。当时，"论者谓（丘濬）师道尊严，无愧李时勉，而综理微密，则时勉不及"④。从翰林院到国子监，丘濬忠于职守，勇于担当。令人遗憾的是，他参与具体治民理政实践机会太少。成化十五年（1479），花甲之际的丘濬在漫长自修与等待之余，或许清楚自己"时不我用"命途，唯有留下"方略"以裨政治。于是，开始全力纂述囊括其"治国平天下"主张的《大学衍义补》。《大学衍义补》是丘濬以"续补"宋儒真德秀所撰《大学衍义》之名，实则分析历代治国主张及政治得失，藉以探求解

---

① 丘濬：《琼台诗文会稿重编》卷19《愿丰轩记》，明天启三年刻白口本，第20-21页。
② 蒋冕：《琼台诗话》卷下，清光绪八年（1882）刻本，第25页。
③ 张廷玉等：《明史》，中华书局1974年版，第4808页。
④ 傅维麟：《明书》卷112，商务印书馆1938年版，第2246页。

决明中期经济社会问题方案，提出救时策略。可以说，《大学衍义补》不仅是丘濬写于简牍之间的经世理念，也是针对宋儒以"治道"取代"治法"、以"内圣"取代"外王"的务虚的经世思想的一次匡正。

当然，忙碌于青灯黄卷之间的丘濬面对着凝固为点点滴滴墨迹的经世济民抱负，不免感慨，情到深处，不尽伤感。成化十八年（1482），六十二岁的丘濬在《岁暮偶书》诗中慨叹："屈指明年六十三，人情世态饱经谙。几多黑发不曾白，无数青衿出自蓝。大半交游登鬼录，一生功业付空谈。不堪老去思归切，清梦时时到海南。"① 显然，丘濬这般黯然神伤的身世感叹实际是在诉说着一种哀愁，一种透迤于笔端流不尽的茫然愁绪。诗中流露出的貌似平淡实则哀婉的平静背后，正是丘濬为了实现其经世济民理想而经历太长等待之后的一种抑郁而无助的心态。诚然，丘濬这种怀才不遇的情感，历代仁人志士亦时常有之。进而言之，古代读书人"有用于世"的政治文化心理倾向是以儒学思想为核心内容的中国传统文化的一种"儒家现象"。其后几年，丘濬潜心撰写《大学衍义补》。不过，这期间，老之将至的人生惆怅已成为丘濬不时触景生情、以诗言志的心理常态与写作主题。

二、"阁臣"之身：力已难驰

成化二十三年（1487），明孝宗即位，适逢《大学衍义补》撰毕。是年，六十七岁的丘濬在《进〈大学衍义补〉表》中向明孝宗表达其为"有补政治"而纂述《大学衍义补》的苦心。丘濬称："臣濬下愚陋质，荒陬孤生，生世无寸长，颇留心于扶世。读书有一得，辄妄意以著书。固非虞卿之穷途，亦非真氏之去位。猥以官居三品，惭厚禄以何裨。年近七旬，惜余龄之无几。一年仕宦，不出国门；六转官阶，皆司文墨。莫试莅政临民之技，徒怀爱君忧国之心。竭平生之精力，始克成编；恐无用之陈言，终将覆瓿。幸际朝廷更化，中外肃清，总揽权纲，一新政务。傥得彻九重之听，取以备乙夜之观。采于十百之中，用其二三之策，未必无补于当世，亦或有取于后人。"② 在这言简意赅的话语中，丘濬那掩饰不住的经世情怀跃然纸上；其字里行间，也流露出一种失

① 丘濬：《琼台诗文会稿重编》卷5《岁暮偶书》，明天启三年刻白口本，第42页。
② 丘濬：《大学衍义补》，京华出版社1999年版，第5页。

意与无奈。明孝宗看罢《大学衍义补》，"称善，赍金币，命所司刊行。特进礼部尚书，掌詹士府事。修《宪宗实录》，（丘濬）充副总裁。弘治四年，书成，加太子太保，寻命兼文渊阁大学士参预机务。尚书入内阁者自濬始，时年七十一矣。濬以《衍义补》所载皆可见之行事，请摘其要者奏闻，下内阁议行之。帝报可"。①

"尚书入内阁者自（丘）濬始。"这种位极人臣的政治殊荣对于年过古稀的丘濬来说可谓别有一番滋味。从景泰五年（1454）的三十四岁新科进士，到弘治四年（1491）的七十一岁高龄的身体多病的老人，丘濬在这漫长仕途辗转与等待中，感慨良多，强烈的经世情结与寂寞苦涩的"著述生涯"交织在一起，"织成"一位盛年不再、疾病缠身而且一目近乎失明的老人。老骥伏枥，志在千里而力有不逮。进呈《大学衍义补》之前，丘濬已视《大学衍义补》为其一生经世济民思想的总结与告老还乡的谢恩之作，也是他经世情怀的一种呈现。按照丘濬的计划，其后，归隐乡梓、老于户牖之下而已。然而，风云际会，人生际遇，明孝宗欣赏丘濬博学老成与治国才能，特简丘濬入阁办事。显然，仕途变动改变了丘濬的致仕计划。此时的丘濬已深感"志欲为而气力不克，机可乘而岁月不待，有如伏枥老骥，志虽存乎千里而力已难驰"②。而且，他认为内阁"所办之事，乃国家大制作、大政务、大典礼，虽专词翰之职，实兼辅弼之任。眷顾之隆，恩典之厚，比诸庶僚悬绝之甚，是盖当代仕宦之阶第一选也"③。

面对明孝宗隆隆圣恩，丘濬兴奋之余，清醒意识到自己壮年不再、体弱多病的事实，因而他担心有负朝廷重托与天子眷顾，难以较好地承担入阁赞划的繁重工作，所以三上辞呈。丘濬在辞呈中写道："内阁第以禁密论思之地，天下治乱安危所系，非优老养疴之所。"④ 丘濬"辞呈"出自本心，表现了他志在治事而非恋栈之品格。然而，丘濬所请，皇帝不允。为此，丘濬在其《辛亥思归偶书》诗中感叹："六疏求归未得归，可堪临老履危机。云龙际合真难遇，海燕孤单漫自飞。黄吻读书初志遂，白头归隐素心违。此身已属皇家有，空向

---

① 张廷玉等：《明史》，中华书局 1974 年版，第 4809 页。
② 丘濬：《琼台诗文会稿重编》卷 8《入阁谢恩表》，明天启三年刻白口本，第 12 页。
③ 丘濬：《琼台诗文会稿重编》卷 7《入阁辞任第二奏》，明天启三年刻白口本，第 6 页。
④ 《明孝宗实录》卷 57，弘治四年十一月乙亥条。

秋风叹式微。"①

　　入阁第二年，病中的丘濬再上《壬子再乞休致奏》，他自陈："年逾古礼致
仕之期，身婴医书难疗之疾。老病衰惫，举动必须为之扶翼，出入禁门不便。
昏眊健忘，述作必须人为检讨，掌管文书不得。且又去家万里，隔越大海，一
子早丧，身多病而心多忧，众苦所丛，残生无几。伏望皇上哀臣孤苦，鉴臣诚
恳，乞如薛瑄致仕事例，放归田里，俾全晚节。"明孝宗信任丘濬，执意不允，
圣旨："朕擢卿重任，勉图尽职，岂可以目疾求退。今后凡大风雨雪，俱免早
朝。该部知道，钦此。"②

　　皇帝垂眷，丘濬求去不得。丘濬遂以"老病衰惫"之躯毅然投身于"经
略"国家的事业中，鞠躬尽瘁。他相继上《论厘革时政奏》《请访求遗书奏》
《乞严禁自宫人犯奏》《请建储表》《请昧爽视朝奏》等奏疏，所奏内容涉及明
王朝政治、经济、军事等各个方面，均是丘濬具体而微的经世方略。垂暮之年
的丘濬希望他的这些建议能化作天子诏令并真正实施，匡时救世，旨在有益于
社稷。然而，丘濬人生的最后一搏却显得极其微弱，天不假年，经世方略还未
实施，丘濬却于弘治八年（1495）二月卒于任上。丘濬阁臣生涯不足四年，其
间又多为疾病所困，心力交瘁，勉为驱驰，留下诸多未了"心愿"，还有《大
学衍义补》。

第二节　婚姻与家庭

　　明初，广东布政司置十府，辖七州及五十九县。其后，政区几经调整，至
明末则领十府、一个直隶州、七个属州、七十六个属县。明代广东布政司幅员
包括今广东省、广西北部湾沿海地区以及海南省全省。明代海南设置琼州府，
下辖三州十县，即儋州、万州、崖州，琼山县、澄迈县、临高县、文昌县、会
同县、乐会县、昌化县、陵水县、感恩县、定安县。③ 丘濬的生命历程与人生
情感故事是从琼州府琼山县开始的。

---

① 丘濬：《琼台诗文会稿重编》卷5《辛亥思归偶书》，明天启三年刻白口本，第49页。
② 丘濬：《琼台类稿》卷44《壬子再乞休致奏》，明弘治五年（1492）刻本，第5页。
③ 张廷玉等：《明史》卷45《地理志》，中华书局1974年版，第1145－1146页。

一、"生来好诗礼"的少年

明朝永乐十九年（1421）十一月初十，丘濬出生于广东布政司琼州府琼山县府城西厢下田村（今海南省琼山市府城镇金花村）。其祖上是从福建晋江移民至广东海南的。丘濬的曾祖父讳均禄（生卒年不详），字朝章，号清源，元朝末年曾任职元帅府，后被派往广东海南出任奏差官。时逢元末战乱，遂定居海南。丘濬祖父丘普（1369—1436），字得寅，号思贻，为丘均禄独子，享年68岁。丘普曾任琼州府临高县医学训科，他宅心仁厚，有同情心，乐善好施。元末，天下大乱，天灾兵燹并至，哀鸿遍野，饿殍盈途。海南亦在所难免，"盗贼"横行，民众多遭杀戮，或饿死，暴尸荒野。丘普心生悲悯，请人收尸安葬，并请道士为亡灵进行超度。每逢清明时节，还上香祭拜。① 宣德九年（1434），琼山县闹饥荒，"白骨遍野，（丘）普有第一水桥地，舍为义冢，躬求全骨比埋之，封茔累累，凡百余所，遇清明节，必洒以杯酒、粝饭，其所行自少至老，多类此"②。

丘濬的父亲丘传乃丘普独子，号官保，生于洪武二十八年（1395），宣德二年（1427）病逝，享年33岁。父亲去世时，丘濬7岁，丘濬的哥哥丘源9岁，丘濬的母亲年仅28岁。丘濬的母亲李氏出身书香门第，是一位性格刚强、恪守封建道德规范的知识女性。丈夫去世后，她放弃再婚，专心抚育两个幼子，坚守贞洁，守寡一生。李氏事迹为当地官员所推崇。天顺元年（1457），琼州府知府黄瓒和琼山县知县陈用己上奏朝廷，力荐李氏为节妇，得到朝廷批准。③ 成化三年（1467），李氏过世的前两年，地方官奉旨建坊以表彰她的贞洁，大学士彭时特为之写《旌表琼山县李节妇碑铭》，以褒扬丘母的贤良淑德。④

丘濬的父亲去世时，其祖父丘普年已59岁。丘濬后来追忆："乡人有唁先祖老而丧子者，先祖指吾兄弟告之曰：'吾先世，世以积善相承，然未有发者，

---

① 何乔新：《椒丘文集》卷14，明嘉靖元年（1522）刻本，第11页上－12页下。
② 张岳松：《琼州府志》卷33《人物·名贤》，成文出版社1967年版。
③ 王国宪：《丘文庄公年谱》，琼山翠经书院，清光绪二十四年（1898）刻本，第11页。
④ 张岳松：《琼州府志》卷40，成文出版社1967年版，第36页上－37页下。

今不幸而中微。然古人往往因微而大著，所以大发者，其在二孺乎! 因手书二句曰：嗟无一子堪供老，喜有双孙可继宗。'命通家子陈曦书之，揭于寝堂之楣，乡人多称诵焉。"① 当时，对于丘普来说，抚育幼孙成人成才是他最大的心愿和事业，他对两个孙子寄予厚望。如丘濬在所撰《可继堂记》记载："一日，先祖坐堂上，兄与濬皆侍。公谓兄源曰：'尔主宗祀，承吾世业，隐而为良医，以济家乡可也。'谓濬曰：'尔立门户，拓吾祖业，达而为良相，以济天下可也。'时吾兄弟俱幼稚愚骏，不知先祖之言为何如，然自是亦知惕厉，自持不敢失坠。"②

丘濬的母亲李氏和丘濬的祖父承担起丘濬的基础教育重任。除了读书，少年的丘濬也参加力所能及的农业劳动。也就是说，在丘濬青少年时期，农业是丘家经济收入来源的一部分。丘濬在《学士庄记》中称："予先世闽人，来居于琼，世数久远，自七世祖学正公以来，代有禄仕。惟先公早世，虽不仕，而亦有貤赠之命。世业虽以士，而率亦未尝废农。盖仕者其暂，而耕者其常软。予家依城以居，而先世多负郭之田，去所居一里而近有田一区，四际皆深洼。"③ 另据丘濬于弘治元年（1488）所撰《我本农家子》一诗，亦佐证他早年读书之余参与农业劳动的事实。诗云："我本农家子，世业在犁锄。生来好诗礼，舍农去为儒。笔墨其耒耜，经籍乃菑畲。脱迹田舍中，致身承明庐。日食太仓米，八珍颁天厨。不知稼穑艰，岂解耕耨劬。云胡七十年，乃尔复其初。大君初出震，诏言戒司徒。于时仲春候，协风来徐徐。发趾向辰地，先耦乘芝车。圣躬勤三推，黛耜亲手扶。老臣亦何幸，九推绩其余。仰面瞻睟容，反躬思微躯。百亩臣恒产，万里臣家居。自合老蜗室，宁期从銮舆。喜极忽兴感，清泪沾华裾。献罢籍田颂，归把种树书。"④

丘濬两岁开始，祖父丘普教他读书识字和学习礼仪，接受启蒙教育。⑤ 7

---

①　丘濬：《琼台诗文会稿重编》卷19《可继堂记》，明天启三年刻白口本，第34页下－35页上。

②　丘濬：《琼台诗文会稿重编》卷19《可继堂记》，明天启三年刻白口本，第34页下－35页上。

③　丘濬：《琼台诗文会稿重编》卷19《学士庄记》，明天启三年刻白口本，第26页下。

④　丘濬：《琼台诗文会稿》卷1《我本农家子》，内蒙古人民出版社2002年版，第89页。

⑤　王万福：《丘文庄公年谱》，《广东文献》1976年第6期。

岁开始入小学读书，9 岁入社学读书，13 岁时已熟读《五经》。① 少年丘濬，记忆力超强，喜欢思考，读书识字，过目不忘，邻里为之惊叹，称之为神童。丘濬尤其好读诗书，机智聪明且才情横溢。如丘濬《琼台诗文会稿重编》中，有《五指参天》七言诗，并附有丘濬的题记："少时曾作琼台八景，郡侯程公已刻之梓，今不复存，惟记其首一章，谩录于此。"这首诗当为六岁时的丘濬所作《五指参天》，即"五峰如指翠相连，撑起炎州半壁天；夜盥银河摘星斗，朝探碧落弄云烟。雨余玉笋空中现，月出明珠掌上悬。岂是巨灵伸一臂，遥从海外数中原。"②

丘濬自小热爱学习，善于思考，表现出极强的学习能力和学习愿望。同时，也为自己生活环境偏僻而无法师从名师而忧虑。不过，这也激励他更加刻苦学习。如丘濬自称："予生七岁而孤，家有藏书数百卷，多为人取去，其存者盖无几。稍长知所好，取而阅之，率多断烂不全，随所用力焉，往往编残字缺，顾无从得他本以考补。时或于市肆借观焉，然市书类多俚语驳杂之说，所得亦无几。乃遍于内外姻戚交往之家，访求质问。苟有所蓄，不问其为何书，辄假以归。顾力不能收录，随即奉还之。然必谨护爱惜，冀可再求也。及闻有多藏之家，必豫以计纳交之，卑辞下气，惟恐不当其意。有远涉至数百里，转浼至数十人，积久至三五年而后得者，甚至为人所厌薄，厉声色以相拒绝，亦甘受之，不敢怨怼，期于必得而后已。人或笑其痴且迂，不恤也。不幸禀此凡下之资，而生于遐僻之邦，家世虽业儒，然幼失所怙，家贫力弱，不能负笈担簦以北学于中国，中心惕然。"③

二、科举之路与婚姻生活

丘濬的科举之路是不顺利的，婚姻家庭生活也多有伤痛。然而，这一切未能破坏与阻止丘濬为实现经世济民的梦想所做的努力。他在努力，他在坚持，他在文字之间苦苦寻找、等待。丘濬所为，真切反映了一位书生的家国情怀及

① 周伟民、唐玲玲：《丘浚年谱》，《海南大学学报》2000 年第 1 期。
② 丘濬：《琼台诗文会稿重编》卷 5《五指参天》，明天启三年刻白口本，第 2 页下。
③ 丘濬：《琼台诗文会稿》卷 19《藏书石室记》，内蒙古人民出版社 2002 年版，第 1086 页。

其坚毅与担当。

（一）科举之路：三试礼部，始登进士

正统元年（1436），时年68岁的丘普，带着他对两个孙子的期待和眷恋，撒手人寰。是年，丘濬16岁，学问大有长进。"公始习举子业，落笔为文数千言立就，复出伦辈。"① 正统四年（1439），丘濬通过考试得补为郡庠生。② 正统九年（1444），丘濬首次参加广东乡试，名列第一，是为解元。主考官王来对丘濬的才学极为赞赏，特意写诗来勉励他："五十名中第一人，才华惟子独超伦。经明理乐行文健，策对图书究理真。春榜英才期角胜，夜窗灯火莫辞频。从来显达由稽古，事业辉煌在此辰。"③ 然而，丘濬的解元之身未能顺势带来"进士"功名。其后六年间（1444—1451），丘濬两次参加会试（1447年会试与1451年会试）均落第。景泰二年（1451）第二次落第，一时间自觉满腹经纶而报国无门，心中落寞，深为自己事业前途忧虑，不免有些消极想法。如他在所撰《一笑辛未岁下第作》一组诗中，抒发了自己"一笑出过门""自怜还自嗔""壮志冷如灰"等失落与自怜的情感，颇为真切。诗云：

（一）

一笑出都门，春风正晏温。

逍遥闲岁月，俯仰旧乾坤。

恋阙心徒切，谈天舌谩存。

满怀今古事，谁可细评论。

（二）

万里一游人，自怜还自嗔。

无钱堪使鬼，下笔或通神。

孰识琴中趣，空怀席上珍。

欲凭詹尹卜，如我岂长贫。

---

① 王国宪：《丘文庄公年谱》，琼山琢经书院，清光绪二十四年（1898）刻本，第4页上。

② 丘濬：《琼台诗文会稿重编》卷19《可继堂记》，明天启三年刻白口本，第35页上。

③ 丘濬：《琼台诗文会稿重编》卷5《送王侍御赴江西金宪》，明天启三年刻白口本，第28页下－29页上。

（三）

壮志冷如灰，归心疾似飞。

白云长在望，清泪欲沾衣。

五月收新稌，三秋采嫩薇。

故乡虽僻远，生计未为微。①

艰难困苦，玉汝于成。景泰五年（1454），丘濬第三次参加会试，金榜题名，名列翘楚。然而，殿试却有变化，屈居二甲第一名，② 选为翰林院庶吉士。其后，仕途辗转，在朝为官四十余年，官至尚书，身兼阁臣，位极人臣。论及自己的求学与科举道路，丘濬不无感慨。如他曾写道："濬自七岁入小学，十九补庠生，二十又四领乡解，又三年试礼部，得校官不就，卒业国学者六年，岁甲戌，始登进士第，入翰林……濬生遐外之域，学无师授，仕无引援。"③

丘濬为官，其好学、介慎、清廉之品格为时人所称颂，④ 著述颇丰。然而，丘濬最想要的，是在实际政务中建功立业、济世安民，而不是"纸上功夫"。尽管不如己意，丘濬在朝为官四十余年，心忧天下之志未变，且积极探索经世良方。

（二）婚姻家庭生活："平生此境皆亲历"

丘濬的婚姻家庭生活充满坎坷。晚年的丘濬曾作诗《闻哭声有感》，书写心中无尽的哀悯和伤痛，几句诗概括了自己早年丧偶、晚年丧子、中年"子欲养而亲不待"的生活遭遇与"匡扶事左永难成"的人生痛处。该诗如下：

---

① 丘濬：《琼台诗文会稿重编》卷3《一笑辛未岁下第作》，明天启三年刻白口本。

② 俞宪：《皇明进士登科录》卷6，明嘉靖刊本，第8页。

③ 丘濬：《琼台诗文会稿重编》卷19《愿丰轩记》，明天启三年刻白口本。

④ 明朝人黄瑜这样评价丘濬："概其平生，不可及者三：自少至老，手不释卷，其好学一也；诗文满天下，绝不为中官（注：宦官）作，其介慎二也；历官四十载，俸禄所入，惟得指挥张淮一园而已，京师城东私第始终不易，其廉静三也。家积书万卷，与人谈古今名理，衮衮不休。为学以自得为本，以循礼为要。"见黄瑜：《双槐岁钞》，中华书局1999年版，第221页。

闻哭声有感

丘濬

断尽肝肠是哭声，世人何者最钟情。

少年佳偶初相得，晚岁贤儿再不生。

鞠育恩深浑未报，匡扶事左永难成。

平生此境皆亲历，几度号天泪若倾。①

　　丘濬的婚姻生活，是认识丘濬个人遭遇与人生轨迹的不可或缺内容之一。明代男子初婚年龄在 16 周岁左右，早于 16 岁的也不少。丘濬属于"晚婚族"。

　　丘濬的初婚是在正统十一年（1446）。是年，26 周岁的丘濬奉母亲之命，娶崖州百户金桂的女儿金氏。②新婚燕尔，为了事业功名，第二年（1447），丘濬赴京赶考。然而，考场失意，只中副榜，虽然可以担任地方教谕等教职，但丘濬志在金榜题名进士，决意再次参加会试。景泰二年（1451），丘濬第二次参加会试，仍然不第，无限失落，转而回乡。祸不单行，同年，夫人金氏与妻弟金鼎相继过世。

　　落榜，经世济民之志难酬，失落、寂寞以及抑郁，已经令丘濬心中充满苦痛；爱妻病逝，两情相悦的爱人转而生离死别，永世不见，丘濬又感受着莫大的哀丧与思念。我们无法感知丘濬是如何度过那段黑暗日子。他留给世人的，是数首悼念亡妻的诗句。诗文情真意切，寄寓着无尽的哀思和缅怀以及无尽的泪水和绵绵无期的思念。人生倥偬，情无所寄。月夜或黎明，丘濬可能怀想自己以往日子里为了追求功名而远离爱妻的日子，想象着妻子的"煎熬"与思念，那是妻子一人与孤灯相依相伴的岁月。这些已经不再的日子，对丘濬来

---

　　① 丘濬：《琼台诗文会稿》卷 5《闻哭声有感》，内蒙古人民出版社 2002 年版，第 451 页。

　　② 周伟民、唐玲玲：《丘浚年谱》，《海南大学学报》2000 年第 1 期。另，王国宪《丘文庄公年谱》（琼山掌经书院，1898 年）亦称丘濬初婚在正统十一年（1446），丘濬 26 岁之时。王万福《丘文庄年谱》（《广东文献》1976 年第 4 期）认为丘濬初婚在 1443 年（正统八年），丘濬 23 岁之时。李焯然《丘濬评传》（南京大学出版社 2005 年版，第 17 页）认为正统十一年（1445），丘濬奉母之意娶崖州百户金桂的女儿为妻。吴建华亦持丘濬正统十一年初婚说。（《明代经世儒臣丘濬》，广东人民出版社 2007 年版，第 29 页。）

说，在感情上，无论如何也是想想心里就会痛的，觉得愧对妻子。故乡的美，有一半是美好的记忆，丘濬此时的"故乡"，则是孑然一身的追忆。于是，丘濬不断写诗文纪念，那些带血的诗句，首首都包含着哀悯和心痛。1451 年，丘濬写了《悼亡》（十首）：

悼亡（十首）

丘濬

（一）

择配得孟光，足慰平生心。
一见如夙昔，友之如瑟琴。
意气两不疑，苦口时相箴。
欣愿自此毕，恩爱何其深。

（二）

恩爱虽可慕，嘉会不可迟。
同牢未周星，而我顾有违。
辛勤理行装，送我登王畿。
握手一长叹，泪下如雨滋。
收泪向我拜，再三频致辞。
勉我立名节，勿作无益悲。

（三）

我行逾四载，之子苦幽闺。
登堂侍老母，灯下事蚕绩。
知我为功名，不复怀戚戚。
一见平安书，喜气动颜色。

（四）

嗟我登文场，局蹐再不遂。
学陋惭为师，恳辞得如志。
万里忽归来，相对如梦寐。
移灯频近床，悲喜两交至。
叠叠用甘言，慰我不得意。

（五）

久别复良晤，欣幸如再生。

有如练丝弦，弦和多妙声。

自兹拟百年，资以辅所行。

明年还随计，挈之趋神京。

云何未及期，一疾不复兴。

（六）

临终啮我指，与作终天诀。

双泪注不流，恋恋不忍别。

气促发言迟，奄奄殆垂绝。

勉我赴功名，努我立名节。

事我不尽年，命薄将奚说。

死生皆其天，无用过哀切。

（七）

朝日忽已沈，晨花忽已零。

居然失良助，我也何以生。

临终永不言，此意良不轻。

矢心铭肺腑，讵肯寒兹盟。

（八）

结发六星霜，欢会恰岁半。

平生止一息，而我不及见。

归来空闻名，目中无其面。

天乎人何尤，抚膺坐长叹。

（九）

嗟汝止一弟，情义深以长。

汝殁仅阅月，汝弟亦继亡。

一双恩爱刃，并割汝父肠。

每闻号哭声，使我增悲伤。

平生心爱人，相继俄分张。

如失左右手，内外俱皇皇。

地下倘相逢，应念予凄凉。

（十）

皇天亦何高，后土亦何深。

冥鸿失其偶，飞飞吐哀音。

茫茫宇宙间，辽邈畴能寻。

此生甘且休，不尽古今心。

哀伤谅无益，暂醉聊自吟。①

丘濬与妻子之间的感情在真在诚，相敬如宾，相濡以沫。丘濬对亡妻的思念，正是源于对妻子的真爱与诚心。所以，功业未成之际，遭遇丧妻之痛，对丘濬而言，这种痛，是刻骨铭心的痛，是一种失落的痛，是一种"负疚"的痛。如丘濬在另一首《悼亡》诗中写道："刀尺存余泽，衣箱闷故封。情知是死别，犹冀或生逢。憔悴非因病，悲伤不为容。九原今已矣，何处觅仙踪。"②有关丘濬发妻金氏信息的资料很少，好在丘濬悼念亡妻金氏的诸多诗句，成为我们或多或少收集归纳相关"信息"的主要资料。丘濬对金氏一往情深，既是相敬如宾的恩爱夫妻，也是红颜知己。金氏去世十年后，丘濬对她的思念依旧。1461 年，丘濬作《梦亡妻》诗，再次表达了他心中对金氏的无限思念与无尽哀思，还有人生不得已之情。诗云："越南冀北路纷纷，死别生离愁杀人。谁信十年泉下骨，分明犹有梦中身。"③

丘濬对亡妻金氏的思念，是一种复杂情愫使然。一种情，是夫妻恩爱。丘濬与金氏情投意合，金氏给予了丘濬渴望的有爱的夫妻生活，她有着丘濬心仪的温柔贤惠的美好品德；另一种情，是知己知音之情。丘濬学习刻苦，学识渊博，心怀经世济民之志，科场缺失一再失意，金氏给予丘濬的，不是嘲讽与轻视，也不是否定与抱怨，而是对丘濬才学的高度认可，与对丘濬安天下志向的充分肯定与支持。丘濬在金氏这里，得到了鼓励和动力，得到了尊重和支持。"患难"夫妻，知心知意。

---

① 丘濬：《琼台诗文会稿》卷 1《悼亡》（十首），内蒙古人民出版社 2002 年版，第 39－42 页。

② 丘濬：《琼台诗文会稿》卷 3《悼亡》（三首），内蒙古人民出版社 2002 年版，第 198 页。

③ 丘濬：《琼台诗文会稿》卷 4《梦亡妻》，内蒙古人民出版社 2002 年版，第 273 页。

随着金氏逝去，以及丘濬后来科场得意，这些人生变化所增加的"情感"，对丘濬来说，是一种刻骨铭心的思念。于是，感恩与思念交织在一起，昨日遭遇的种种与今日皇恩浩荡的情形也就叠在同一时空之中，梦与现实于是难分彼此，有形之身与无形之身都不再重要，无形之身的金氏"精神"在思念中变得更加真切真实，尤其是月圆之夜、佳节之期，最是丘濬心痛时。也许，酒中微醉的丘濬，或举觞邀亡妻金氏共饮，或"携子之手"倾诉衷肠。这些情感，在丘濬所作的《悼亡》五首中，亦能感知：

悼亡（五首）

丘濬

（一）

孟光举案与眉齐，半臂初交又解携。

千里关山千里梦，一番风雨一番啼。

每因旧事增新感，莫动哀吟易惨凄。

自古佳人多薄命，几多红粉委黄泥。

（二）

芙蓉肌骨绿云鬟，伤别伤春更万端。

去日渐多来日少，别时容易见时难。

春蚕到死丝方尽，沧海扬尘泪始干。

无可奈何花落去，五更风雨五更寒。

（三）

一别容音两渺茫，不堪端坐细思量。

云收雨散知何处，燕语莺啼亦可伤。

谁爱风流高格调，我怜贞白重寒芳。

愁来欲奏相思曲，只恐猿闻也断肠。

（四）

云想衣裳花想容，几宵魂梦与君同。

笙调恨谐参差度，锦叠空床委坠红。

千古怨魂销不得，一川秋草恨无穷。

狂风落尽深红色，一片西飞一片东。

（五）

肠断春风为玉箫，我心悬旆正摇摇。

一痕心事难消遣，万片香魂不可招。

惨惨凄凄仍滴滴，霏霏拂拂又迢迢。

砌成此恨无重数，纵得春风亦不消。①

丘濬以身许国，以经世济民为己任，践行儒家政治，在事功、学术、文章三方面，都可说有显赫表现，为后人称颂。然而，论及丘濬的家庭生活，可谓充满不幸，令人为之唏嘘不已。幼年丧父，中年丧妻，晚年丧子，人生最不幸的三件事，先后降临丘濬身上。丘濬一生育有四男二女，三子、四子年幼夭折，他肝肠欲断。成化十年（1475），时年55岁的丘濬，又遭遇四子丘仑去世的打击。成化十四年（1478），时年五十八岁的丘濬再遭丧子之痛。是年，三子丘昆殇。丘濬悲痛欲绝，作《哭子昆》二首：

哭子昆（二首）

丘濬

（一）

至性奇资迥异常，老怀切切不能忘。

寻常不下恓惶泪，刚为宗祊洒数行。

（二）

暮年失却慰心儿，合眼时时似见之。

安得感通如顾况，非熊还有再来时。②

丧妻之痛，丧子之悲，还有对母亲的无尽哀思，都成为丘濬人生中永远的痛。念兹在兹，痛在心里，于是，丘濬不断写诗作文，遥寄哀思，以之缅怀与纪念。如丘濬在《忆亡子》诗中写道："通宵不寐闲思想，恨结幽怀泪湿腮。

---

① 丘濬：《琼台诗文会稿》卷6《悼亡》（五首），内蒙古人民出版社2002年版，第479-480页。

② 丘濬：《琼台诗文会稿》卷4《哭子昆》（二首），内蒙古人民出版社2002年版，第288页。

老鹤倚巢空叫月，飞雏应是不归来。"① 又如，在《感怀》诗中，丘濬梦回少年，回想当年为了功名事业而一次次游学异乡，一次次鞠躬告别母亲的情形，历历在目，挥之不去。《感怀》诗云："忆昔堂前别母慈，号天哭地泪淋漓。想应慈母肝肠裂，亦似当时育我时。"②

家庭与婚姻生活的苦难，对丘濬而言，当然是肝肠寸断的人生感受，是个人的苦难。然而，个人生活不幸并没有击垮丘濬，在丘濬心中，还有一个"大我"，那就是士大夫"治国平天下"的历史使命与政治担当。所以，面对时艰，丘濬在经世济民的政治实践中顽强前行，心中有信念，脚步不停歇。问题在于，丘濬的执着与坚强，丘濬的完整而富有针对性的救时方案，以及他百折不挠的政治品质，最终没能助其实现政治理想，尽管丘濬名垂史册，《大学衍义补》遗惠后世，丘濬生前遭遇的，却是"匡扶事左永难成"的感慨与"几度号天泪若倾"的苦楚。③

弘治八年（1495）初，时年七十五岁的丘濬于任上驾鹤西去。《明孝宗实录》的几行文字，肯定了丘濬的政绩与学识，而对丘濬与王恕"过节"与"论议颇僻"的怀疑，折射出丘濬生前所处的政治文化生态，基本代表了当时朝廷对丘濬"盖棺定论"："少保兼太子太保户部尚书武英殿大学士丘濬卒。濬，字仲深，广东琼山县人，正统九年乡贡第一，景泰五年进士，改翰林院庶吉士，与修《寰宇通志》成，擢编修。宪庙初开经筵，充讲官，秩满升侍讲。修《英庙实录》成，升侍讲学士；修《续通鉴纲目》成，升国子监祭酒，加礼部右侍郎。上即位，以所著《大学衍义补》进，升礼部尚书，掌詹事府事。修《宪庙实录》充副总裁，笔削褒贬，多其手出。《实录》成，加太子太保。未几，命兼文渊阁大学士入内阁参预机务，三载升少保，仍兼太子太保，改户部尚书武英殿大学士，寻特授光禄大夫柱国。至是卒，辍朝一日，赐赙及祭葬如例，赠特进左柱国太傅，谥文庄，遣行人归其丧，官其孙瑭为尚宝司丞。濬天资奇绝，少有重名，两广用兵，上书大学士李贤、陈方略数事。贤卜之朝，以付总帅，寇平多其策。时经生为文以奇怪相高，濬考南京及会试，示以取舍。

① 丘濬：《琼台诗文会稿》卷4《忆亡子》，内蒙古人民出版社2002年版，第295页。
② 丘濬：《琼台诗文会稿》卷4《感怀》，内蒙古人民出版社2002年版，第310页。
③ 丘濬：《琼台诗文会稿》卷5《闻哭声有感》，内蒙古人民出版社2002年版，第451页。

及为祭酒，尤谆谆为学者言之。能鼓舞诱掖，以兴士类。及入阁，上二十余事，陈时政之弊，且请访求遗书，上皆嘉纳。与吏部尚书王恕不协，御医刘文泰之讦恕也，时议淘淘，谓濬嗾之。文泰下狱，词果连及濬。濬亦抗疏自辩，上置不问。然人自是皆不直濬矣！濬博洽多闻，虽僻事俚语，类多谙晓，为文章雄浑畅达，下笔衮衮数千言，若不经意，而精采逸发。所著有《家礼仪节》《世史正纲》行于时。顾论议颇僻，至以范仲淹为矫激、秦桧和议为得宜，识者盖不能无憾云！"①

---

① 《明孝宗实录》卷97，弘治八年二月戊午条。

第三章 《大学衍义补》

明中叶以来，丘濬著《大学衍义补》受到政界、学界等高度重视。时人称："《大学衍义补》一书，其经济之才可见矣。使得久其位，尽行其言，相业岂三君子可及哉！"已详本书第二章，不赘。近现代以来，学界肯定《大学衍义补》贡献及丘濬成就的声音也日渐高涨。如朱鸿林先生撰文称："《大学衍义补》所论述的，都是国家和社会借以长治久安的治平之道。丘濬在 15 世纪 70 年代的成化年间著作此书时，他怀有这样的思想和理念：明朝已在病中，但只要不久将来有正确的诊断和有效的处方，其病痛是能够医治好的……职是之故，丘濬的著书目的是双重的：他一方面期望此书能够成为明朝君臣的治国学问的参考书，同时也期望它能够作为推进改革明朝时弊的蓝图。从这点看，他的眼光和志概都是相当远大而实在的。"① 李龙潜教授指出："《大学衍义补》是政治类书中最有地位的一种"，"体现了作者求实、求用的精神"。② 笔者认为，作为丘濬代表作的《大学衍义补》，是"成化症候"的应对之作，是丘濬精心筹谋的经世救时方略。

第一节 《大学》《大学衍义》与《大学衍义补》

南宋理学大师真德秀（1178—1235）"衍义"《大学》而成《大学衍义》，明代丘濬"补写"《大学衍义》而成《大学衍义补》。事实上，《大学衍义补》

---

① 朱鸿林：《中国近世儒学实质的思辨与习学》，北京大学出版社 2005 年版，第 163 页。
② 丘濬著，李龙潜点校：《大学衍义补》序，中州古籍出版社 1985 年版。

是应对当时的经世救时之作，非为考据训诂及诠释补充典籍。丘濬本着《大学》民本观及"治国平天下"思想，重在结合明中期"国"与"天下"实际问题而提出具体解决方略，旨在探寻危机重重的明朝出路及儒学遭遇"成化症候"的自我更新举措。

一、《大学》与《大学衍义》

《大学》为儒家最有系统的道德政治元典，原是《礼记》四十九篇中的第四十二篇，它提出一套完整的以德治国的实践体系与实施方案，基本路径是"修齐治平"，以德治天下。《大学》称："大学之道，在明明德，在亲民，在止于至善。知止而后有定，定而后能静，静而后能安，安而后能虑，虑而后能得。物有本末，事有终始，知所先后，则近道矣。古之欲明明德于天下者，先治其国；欲治其国者，先齐其家；欲齐其家者，先修其身；欲修其身者，先正其心；欲正其心者，先诚其意；欲诚其意者，先致其知；致知在格物。物格而后知至，知至而后意诚，意诚而后心正，心正而后身修，身修而后家齐，家齐而后国治，国治而后天下平。"① 要言之，《大学》提出了一套完整的以修身为基础的齐家治国平天下的德治理论思想。其中，格物致知、诚意正心是修身的方法与途径，修身是齐家的方法与途径，也是治国平天下的方法与途径。然而，格物致知、诚意正心、修身齐家的最终目的是"治国平天下"。

唐代以前，《大学》泯然于《礼记》众篇，其政治价值未受到应有的重视。唐代韩愈（768—824）独具慧眼，首先发现并发掘《大学》以德治国的理论与方法，并在其名作《原道》中引用《大学》部分内容，作为反对佛教、道教之"利器"，借以捍卫儒学独尊地位与儒学思想方法的正确性。北宋司马光（1019—1086）亦看重《大学》，撰《大学广义》一卷。其后，程颐（1033—1107）、程颢（1032—1085）与朱熹（1139—1200）等理学大师大力推崇《大学》并阐释其政治意涵，把《大学》从《礼记》中抽出来独立成篇，与《中庸》《论语》《孟子》相配，合称"四书"，把《大学》地位置于儒家核心经典之列，且位在其他儒家经典之上。更为重要的是，南宋时期《大学》作为皇帝经筵教材，被视为"帝王之学"，朱熹便多次向宋孝宗讲授《大学》

---

① 郭兰芳：《大学浅解》，中国社会科学出版社2003年版，第1-8页。

部分内容。通过理学家的努力，引起帝王的关注，通过"帝师"讲授，《大学》或多或少影响了帝王的治国方略。不过，《大学》原文简短，内涵丰富。

南宋时期，真德秀对《大学》贡献颇大。真德秀，学者称之为西山先生，福建浦城人（今福建省蒲城县），南宋进士，历任南建州判官、礼部侍郎、福州知府、户部尚书、翰林学士、参知政事等。真德秀推崇《大学》经世方略，并视其为治国宝典。为推衍《大学》要旨，真德秀潜心研究《大学》，终十年之功而撰成《大学衍义》。《大学衍义》共四十三卷，成书于南宋理宗绍定二年（1229），全书分为纲、目两部分。纲分为"帝王为治之序""帝王为治之本"两部分；目分为"格物致知之要""诚意正心之要""修身之要""齐家之要"等四目。目下再分细目，"格物致知之要"再分为"明道术""辩人才""审治体""察民情"等四细目；"诚意正心之要"再分为"崇敬畏""戒逸欲"二细目；"修身之要"再分为"谨言行""正威仪"二细目；"齐家之要"再分为"重妃匹""严内治""定国本""教戚属"等四细目。《大学衍义》关注"治道"，未涉及政典内容，故而止于格物致知、诚意正心、修身齐家内容，而于"治国平天下"内容缺失。

《大学衍义》作为《大学》研究的标志性成果，为儒家德治思想实施提供了基本路径与方略。如当代著名学者朱鸿林所论："南宋著名儒臣（理学家官僚）真德秀（1178—1235）所著《大学衍义》（以下简称《衍义》）一书，在14世纪后的中国（元代中后期）极负盛名。由于元、明两代朝廷尊崇程、朱学说，作为朱学后劲的真德秀，在理学道统中的地位不断提高；《衍义》的地位在朝廷高级文官的心目中也不断高升。在宫朝的赞助和褒扬朱理学道统的声势下，它成为经筵必讲之书。不仅这样，由于经筵最终的目的在于经世，它又变成了谈论经世之学者的必读之书。"①

二、《大学衍义》与《大学衍义补》

李焯然认为真德秀"《大学衍义》的编纂目的，并不在学术而在政治。其实，儒学本来就是一套经世之学。正统的儒学也从来没有孤芳自赏。儒学为了实现理想的治世，便要寻求或培育一个能行仁政的圣王。真德秀的《大学衍

---

① 朱鸿林：《中国近世儒学实质的思辨与习学》，北京大学出版社 2005 年版，第 1 页。

义》一方面体现了宋朝理学家如何利用儒学去解决政治问题，另一方面体现了宋朝理学家表彰《大学》的最终目的。"① 确为的论。真德秀衍义《大学》，期望利用儒学德治思想解决南宋统治问题，主要目的在于经世。而相对于《大学衍义》，在经世这一写作目的上，丘濬《大学衍义补》则是更加明确的。丘濬《大学衍义补》的全部目的，是利用儒学解决明初以来诸多社会问题与明朝统治危机。

（一）体与用：内容比较

丘濬撰《大学衍义补》全书计 140 余万字，以《审几微》作为《诚意正心之要》补充内容列于卷首，继以"治国平天下"为总纲目，分为十二子目，一百六十卷，涉及政治、经济、文化、军事、法律、社会建设等各个领域。成化二十三年（1487），丘濬将《大学衍义补》与《进〈大学衍义补〉奏》一并上呈明孝宗。丘濬在《进〈大学衍义补〉奏》中，具体表达了他撰写《大学衍义补》的目的及其对《大学衍义》的基本评价，其中亦有关于《大学衍义》与《大学衍义补》二者关系的论述。即丘濬所言："臣见宋儒真德秀所撰《大学衍义》四十三卷，于《大学》八条目中有格物、致知之要，诚意、正心之要，修身之要，齐家之要，而于治国平天下之要阙焉。臣不揆愚陋，窃仿德秀凡例，采辑五经诸史百氏之言补其阙略，以为'治国''平天下'之要，立为十二目：曰正朝廷、曰正百官、曰固邦本、曰制国用、曰明礼乐、曰秩祭祀、曰崇教化、曰备规制、曰慎刑宪、曰严武备、曰驭夷狄，曰成功化。又于各目之中分为条件，凡一百十有九，共为书一百六十卷，补前书一卷，目录三卷，总一百六十四卷，名为曰《大学衍义补》，所以补德秀前书之阙也。"② 换言之，按照丘濬说法，《大学衍义补》旨在补齐《大学衍义》缺失的《大学》八条目之一"治国平天下"的内容。从形式上看，《大学衍义补》补充了《大学衍义》之"阙略"。

但是，"补德秀前书之阙"绝非丘濬撰写《大学衍义补》的真正目的。丘濬在《进〈大学衍义补〉奏》中，进一步解释了《大学衍义》与《大学衍义

---

① 李焯然：《丘濬评传》，南京大学出版社 2005 年版，第 151 页。
② 丘濬：《琼台诗文会稿重编》卷7《进〈大学衍义补〉奏》，明天启三年刻白口本，第 510 页。

补》的关系。即"前书（《大学衍义》）主于理，而不出乎身家之外，故其所衍之义大而简。臣之此书（《大学衍义补》）主于事，而有以包乎天地之大，故所衍之义细而详，其详其简各惟其宜。若合二书言之，前书其体，此书其用也。"① 也就是说，《大学衍义》与《大学衍义补》二者是"理"与"事"、"体"与"用"的关系。《大学衍义补》是"事"与"用"，《大学衍义》是"理"与"体"。这里所谓的"体"与"理"，是指治道，即德治，治道也是政治之"本"；这里所谓的"事"与"体"，是指治法，是具体治国政策、制度及措施，治法也被称为"用"。《大学》被儒家称为"全体大用"之学。相对《大学》"体用"完备而言，《大学衍义》有"体"无"用"，而是以"体"代"用"。丘濬《大学衍义补》，重在建构衍义《大学》"用"的内容。所以，朱鸿林认为："丘氏（丘濬）所作的《衍义补》，理论上和表面上是补充《衍义》，实际上却是批判它的。总的说，丘氏认为《衍义》并不就是经世之学的全部，甚至可能连核心也不是的。由于这样，《衍义补》一书又曾引起了一定的批评……丘濬之所以对真德秀不满，主要是从'体用''理事''知行'等对立观念的统一性，和《大学》所列各条目的连贯性的坚持引起的。"② 朱鸿林先生所论不无道理。

如何认识《大学衍义补》的"事"与"用"的历史意义与时代特征？这是我们比较《大学衍义》与《大学衍义补》二者价值区别的关键所在。朱鸿林指出："由于《衍义》的写作实际上是因宋理宗而产生的，它的内容便难免只是一种特定历史环境中的产物。《衍义》中透过经史所阐扬的帝王经世治国的各种原则，其性质也只能是片面多于全体、一时重于永恒的。实际的形势改变了，这些原则的应用性和实用性自然也得发生变化。可是后代的儒臣们，却往往喜欢把它们捧作金科玉律，并把真德秀自家所强调的'诚心'理念夸张成不可或变的真理。"③ 笔者认为，《大学》被儒家视为"全体大用"之学。"体"是指本体、主体或儒家德治思想，"用"是指作用、功用或用处。④

① 丘濬：《琼台诗文会稿重编》卷7《进〈大学衍义补〉奏》，明天启三年刻本，第510页。
② 朱鸿林：《中国近世儒学实质的思辨与习学》，北京大学出版社2005年版，第14页。
③ 朱鸿林：《中国近世儒学实质的思辨与习学》，北京大学出版社2005年版，第13页。
④ 方克立：《论中国哲学中的体用范畴》，载《中国哲学范畴集》，人民出版社1985年版，第125－153页。

（二）文为时而作：动机与背景

儒学经历唐末五代分裂战乱，北宋初年不能独尊，朝廷三教并举。但是，儒学的经世之学本质，促成它不断冲破汉儒章句之学的窠臼，结合社会实际，探究儒学经典的原义，从本体论和方法论层面建构与解读儒家元典，形成儒学研究的一种新方法与新维度，促成儒学的理学转向。促成这一转向的儒家学者，以周敦颐（1017—1073）、张载（1020—1078）、程颢、程颐、朱熹、真德秀等人为代表。

文为时而作。两宋时期，传统经济充分发展，商品经济繁荣，以商人和手工业者为主体的市民阶层不断壮大，市民文化生活丰富。这些经济社会方面的成就，为儒学复兴提供了社会经济基础。同时，海外贸易发达，商品经济空前发展，市镇数量增多，遍布大江南北、运河两岸，市民阶层文化自觉增强；物质生活更加丰富，市井文化强劲，民众重商主义与金钱至上观念风行，传统社会秩序与名教观念受到"商品意识"的持续冲击。这给传统儒学提出了时代课题——儒学如何顺应变化？如何加强社会与人心控制、维护纲常名教？为了解决宋代的时代课题，儒学积极作为，立德立言，成就不菲。如周敦颐的"濂学"、张载的"关学"、二程的"洛学"、王安石的"新学"、朱熹的"闽学"以及"永康学派""永嘉学派"等学说思想，都从不同角度予以解答。其中，真德秀所撰《大学衍义》，也是一种比较有深度的解答。

本书关于《大学衍义》撰写背景及动机的论述，不再从经济社会角度赘述，而是侧重政治方面的剖析。两宋以二程、真德秀、朱熹为代表的理学家大力阐扬《大学》德治思想，在一段时间内成气候，影响逐渐扩大，真德秀阐扬《大学》"理"与"体"的做法，以及以"体"代"用"的思考取向，无疑都是那个特定时代的产物。

北宋在耻辱中覆亡，南宋朝廷懦弱而腐败，民心游离，理学家也失去了强有力的靠山和施展空间。儒学是经世之学，南宋儒学的复兴，离不开政治资源，也只能借助政治力量。所以，南宋理学家首先要对北宋靖康之耻与南宋朝廷的懦弱进行"洗白"式的话语解释和理论建构，正本清源成为理学家的时代课题。具体说来，北宋徽宗赵佶（1082—1135）在位期间（1100—1126），实为北宋历史上最黑暗、最腐朽的时期。"艺术家"皇帝宋徽宗神游于丹青与"间架结构"之间，还自封为"教主道君皇帝"，神道设教，醉心艺术，无心治国。是时，"六贼"① 沆瀣一气，专事贪污纳贿，卖官鬻爵，排斥异己。"靖康之变"，② 北宋政权覆灭。靖康之耻使宋朝君臣颜面丧失殆尽，大宋威风扫地。其后的南宋朝廷，有如浮萍，君臣苟且，以偷安为能事；金人虎视眈眈，不时南下烧杀掳掠，肆意欺凌。士大夫与儒学的经世济民的政治抱负与重整河山的历史责任及政治担当在金人铁骑下变得首鼠两端，只能在山河破碎与颠沛流离之中苟延残喘。为有效统治南方一隅以维护偏安局面，南宋朝廷与士大夫之急务，是南宋政权的道统与政统合法性问题。真德秀等南宋理学家们读懂了赵宋朝廷不能直说的政治心理诉求，故而极力迎合。另外，随着北宋政权瓦解，国之不国，政治上的巨大耻辱有如南宋君臣梦魇，如影随形。对于南宋君臣而言，保证"生存"与确立"权威"是其迫切需要的。正如王德忠先生所论："南宋建立以后，在民族矛盾、阶级矛盾和统治阶级内部矛盾错纵交织的复杂政治形势下，高宗既要不惜任何代价向金朝求和，以保持对半壁河山的统治权，又要在内部重新建立起君主专制集权的体制。'元祐更化'以后，王安石新学屡遭清算和打击，趋向衰微，注重'内省'功夫、讲究道德性命的理学兴盛起来。"③ 另一方面，两宋之际，儒学的自我反省也变得更加迫切，王安石"新学"被清算，而"新学"内容重在儒学"事"与"用"之功用。纠枉过正，南宋理学自我维护与调整的出路，自然选择了儒学"体"与"理"的强化，而不是"用"与"事"。进而言之，南宋理学所要解决的问题，当然包括学术规范及其政治化，但更为重要的问题是南宋的政治地位在儒学上如何定位？南宋儒学在金国儒学不断发展的形势下如何确定自己的历史方位？真德秀通过《大学》来衍"义"，极力宣扬格物致知之要、诚意正心之要、修身齐家之要，重在强调儒学"理"与"体"的重要性及其本身所具有的"治平"意义。从当时的政治形势分析，真德秀《大学衍义》所表达的，一是南宋的天下

① "六贼"是北宋徽宗时期，时人把宋徽宗身边狼狈勾结、控制朝政的蔡京、童贯、朱勔、李邦彦、梁师成、王黼六个贪污纳贿、残害忠良的奸臣称为"六贼"。
② 北宋靖康二年（1127），金军攻破北宋都城汴京，金军在汴京及周围洗劫一空。四月初，金军押解被俘虏的宋徽宗、宋钦宗二帝余赵宋宗室、妃嫔、大臣、工匠、伎女等3 000余人，以及大量金帛珍宝、法架仪仗、天文仪器、图书乐器等撤离汴京，北宋政权灭亡，史称"靖康之变"。
③ 赵毅、赵轶峰：《中国古代史》（下册），高等教育出版社2010年版，第195-196页。

观，即天下以南宋政权为正统；二是南宋儒学历史方位，即南宋儒学为天下儒学的正宗与统领。具体说来，真德秀《大学衍义》间接告诉世人，南宋是儒学"理"与"体"的学术中心，南宋儒学是天下儒学的中心与正统至尊所在，南宋理学是那个时代儒学的核心与统领。由学术而政治，南宋政权是天下的"理"与"体"之所在，南宋政治上具有天下独尊地位。要言之，《大学衍义》政治价值与时代意义，在于培育及强化南宋的儒学自信与文化自信。毋庸置疑，真德秀《大学衍义》在理学上有效解决了南宋儒学与南宋政权的历史定位的时代课题。

丘濬所面临的时代问题，就是"成化症候"，也就是明中期传统社会秩序失范、封建统治危机加深及社会全方位商品化的问题，还包括"灾害型社会"加剧问题。其中，社会全方位商品化主要表现为城乡经济商品化趋势增强、政治关系与社会关系及人际关系的商品化问题。商品意识与商业规则成为市民社会、乡村社会及统治集团的认可的"意识"和暗自遵循的"规则"，是社会全方位商品化的核心问题。为了与《大学衍义》比较，本书关于《大学衍义补》撰写背景及动机的论述，亦侧重从政治方面剖析。

明中期儒学的困惑，不是儒学"理"与"体"的确立与维护，而是儒学如何顺应时代变化而在操作层面（即"事"与"用"）上完成时代转型。简要说来，元朝覆亡，蒙古贵族北遁。大明政权的中原正统与道统继承者身份成为自然而言、理所当然的事情。明太祖以恢复"华夏衣冠"为方针，"悉命复衣冠如唐制，士民皆束发于顶"[1]。明初以二程（程颢、程颐）、朱熹之学为标准编订《五经四书大全》和《性理大全》，颁布天下并令学校、科举参用之后，程朱理学成为国家确定的学术思想正宗。明前期的学者大体绍述宋学。明中期以来，随着传统社会危机加深，统治危机不断累积，阶级矛盾加剧，程朱理学"理"与"体"的空洞僵化的说教漏洞百出、无法收拾人心。成化时期（1465—1487），陈献章（1428—1500）主江门之学，提倡静坐，倡导心学。这是明代儒学的自我调适之一。丘濬撰《大学衍义补》，实则总结并探究在"成化症候"状态下，儒学"用"与"事"的应对举措。如丘濬在《欲择〈大学衍义补〉中要务上献奏》中所言："伏念臣先于皇上嗣登宝位之初，而以所著《大

---

[1] 《明太祖实录》卷30，洪武元年二月戊子条。

学衍义补》一书上进，凡古今治国平天下要道，莫不备载，而于国家今日急时之先务尤缕缕焉。臣自幼殚力竭神，以为此书。及其编成，适际皇上访落之始，不先不后而又蒙圣恩奖谕，命有司梓行，不可谓无大幸也。臣不敢他有所陈情，即臣前所进《大学衍义补》一书，以为先资之言，而侑以臣一身自顶至踵以为九重之献。盖臣所进之书，非臣创为之制，乃补宋儒真德秀所衍《大学》未尽之义也。凿凿乎皆古人已行之实事。而在今日，似亦有可行者，非若郑康成之训经义，泛滥无益也。非是王安石之假经言，变乱纷更也。其中所载，虽皆前代之事，而于今日急先切要之务，尤加意焉……臣平生所见不外此书，请择书中所载切要之务，今日可行者，芟去繁文，摘出要语，参会补缀以为奏章，酌量其先后次序，陆续上献，乞经省览，如有可行，特赐御札批下，会同内阁一二儒臣斟酌处置，拟为圣旨传出该部施行，或有窒碍难行，或姑留以俟后时，或发下再加研审，亦望圣慈明示。"①

第二节 《大学衍义补》主要内容

《大学衍义补》以《审几微》补充《大学衍义》之《诚意正心之要》内容，列于卷首。接着，全书以"治国平天下"为纲，纲下分十二目；十二目以下，再细分一百一十九子目。纲、目之间逻辑严谨，结构完整，自成体系。而就《大学衍义补》内容而言，丘濬的"按语"价值最大。这些"按语"是丘濬"治国平天下"思想的集中体现。在"按语"里，丘濬从政治、经济、思想文化、教育、法律、礼乐、军事、民族等方面着眼，以问题为导向，以解决问题为目的，深入探究明初以来百余年间不断累积的统治危机与社会问题，提出有针对性、有创见的改革意见。

一、"审几微"："治平"主要态度与基本方法

真德秀《大学衍义》"诚意正心之要"条目再分两细目，即"崇敬畏"与"戒逸欲"。其中，"崇敬畏"包括"修己之敬、事天之敬、遇灾之敬、临民之

---

① 丘濬：《琼台诗文会稿重编》卷7《欲择〈大学衍义补〉中要务上献奏》，明天启三年刻白口本，第525－526页。

敬、治事之敬、操存省察之功、规警箴诫之助"等七个方面的内容;"戒逸欲"则包括"总论戒逸欲之戒、沉湎之戒、荒淫之戒、盘游之戒、奢侈之戒"等五个方面的内容。① 丘濬对《大学衍义》之"诚意正心之要"条目内容深思熟虑,又有所"衍义",提出"审几微"是"诚意正心"之"尤易为力焉"。丘濬在按语中指出:"宋儒真德秀《大学衍义》于诚意正心之要,立为二目:曰崇敬畏;曰戒逸欲。其于诚意正心之事,盖云备矣。然臣读朱熹诚意章句,窃有见于审几微之一言。盖天下之理二,善与恶而已矣。善者,天理之本然;恶者,人欲之邪秽。所谓崇敬畏者,存天理之理也。戒逸欲者,遏人欲之谓也。然用功于事为之著,不若审察于几微之初,尤易为力焉。臣不揆愚陋,窃原朱氏之意,补审几微一节于二目之后。极知僭逾,无所逃罪,然一得之愚,或有可取。谨刬诸书之言,有及于几微者于左。"②

(一)"审几微"与"治国平天下之要"的关系

在《大学衍义补》中,"审几微"与"治国平天下之要"之间是什么关系?换言之,丘濬在"治国平天下之要"纲目之前,为何要就"诚意正心之要"条目补充"审几微"内容?难道仅仅是因真德秀《大学衍义》阙略而补充之?丘濬此举,别有深意。

论及真德秀《大学衍义》内容阙略及不足,何止"审几微"!当然,丘濬以"审几微"补《大学衍义》"诚意正心之要",从学说思想完整性及深刻性角度而言,并无不妥。不过,那不是丘濬的真正目的。论及"审几微",丘濬指出:"天下之事,必有所始。其始也,则甚细微而难见焉。是之谓几。非但祸乱有其几也,而凡天下万事万物,莫不有焉。人君于其几而审之,事之未来,而预有以知其所将然;事之将来,而预有以知其所必然。于其几微之始,致其审察之功。果善欤,则推而大之;果恶欤,则遏而绝之。则善端于是而扩充,恶念于是乎消殄。逸欲无自而生,祸乱无由而起。夫如是,吾身之不修,国家之不治,理未之有也。苟不先审其微,待其暴著,而后致力焉,则亦无及矣。此古之帝王所以兢兢业业,致审于万事几微之初也欤。"③ 概言之,丘濬认

① 李焯然:《丘濬评传》,南京大学出版社 2005 年版,第 153 页。
② 丘濬:《大学衍义补》卷首"审几微"(补),京华出版社 1999 年版,第 5 页。
③ 丘濬:《大学衍义补》卷首"审几微"(补),京华出版社 1999 年版,第 11 页。

为，"审几微"就是要人心存敬畏，正本清源，预设防范恶念恶行。

丘濬进一步论述"审几微"对"治国平天下"的重要性，即"天下之事，莫不有其初。家之立教，在子生之初。国之端本，在君立之初。盖事必有所从起之处，于所从起之处而预为之区处，则本原正而支派顺矣"。① 所以，"先王为治，而必隆重于礼者，盖以礼为教化之本，所以遏民恶念，而启其善端，约之于仁义道德之中，而使其不荡于规制法度之外，以至于犯戒令，罹刑宪焉。自有不知其所以然而然者矣。则其为教化也，不亦微乎。"② 换言之，"审几微"是实现"治国平天下"的必要条件和先决条件，没有"审几微"功夫，无法"治国平天下"。如丘濬称："《大学》释诚意，指出慎独一言，示万世学者以诚意之方。章句论慎独，指出审几之一言，示万世学者以慎独之要。人能于此几微之初，致审察之力，体认真的，发端不差，则《大学》一书所谓八条目者，皆将为己有矣。不然，头绪茫茫，竟无下手之处。各随所至而用功，待其既著而致力，则亦广泛而不切，劳而少效矣。臣谨补入'审几微'一节，以为九重献。伏唯宫闱深邃之中，心气清明之际，澄神定虑，反己静观，察天理人欲之分，致扩充遏绝之力，则敬畏于是乎崇，逸欲于是乎戒，由是以制事，由是以用人，由是以临民，尧舜之君复见于今，泰和之治不在于古矣。"③ 所以，不难得出，丘濬补"审几微"，绝非从学术角度着手，而是从"治国平天下"角度而予以再阐释，提纲挈领，以为"治国平天下"之基本原则与方法。具体说来，就基本原则而言，"审几微"即"兢兢业业，致审于万事几微之初"；就基本方法而言，"审几微"即"于其几微之始，致其审察之功"。

（二）"审几微"的主要内容

丘濬"审几微"所补充之"谨理欲之初分""察事几之萌动""防奸萌之渐长"及"炳治乱之几先"四个细目内容，究其基本逻辑，不难发现，当是由里及表，由内而外，即由"心"而"事"，而"人"，而"天下"四个基本层次依次分析。

首先由"心"论起，提出"谨理欲之初分"，发前文所未发。此为"审几

---

① 丘濬：《大学衍义补》卷首"审几微"（补），京华出版社1999年版，第12页。
② 丘濬：《大学衍义补》卷首"审几微"（补），京华出版社1999年版，第13页。
③ 丘濬：《大学衍义补》卷首"审几微"（补），京华出版社1999年版，第6页。

微"之"治心术"，意在控制人心，存善去恶，从思想层面加强道德控制。故而，丘濬"审几微"条目首提"谨理欲之初分"。所谓"谨理欲之初分"之理，是指天理，也就是纲常名教；欲是指人欲，这里的"人欲"不是泛指人的一切欲望，是指违反"天理"的思想言行。丘濬认为，去人欲而存天理，使人们的言行思想完全符合纲常名教，社会自然有序。如丘濬强调，人心本善，因情而破坏本善之心，恶念恶意（人欲）就会滋生。即"人心初动处，便有善恶之分。然人心本善，终是善念先生，少涉于情，然后方有恶念耳"①。因此，要从根本上遏制人欲，初衷（初心）最为关键，"方其欲动不动之间，已萌始萌之际，审而别之，去其恶而存其善，慎而守之，必使吾方寸之间，念虑之际，绝无一毫人欲之萌，而存乎义理之发，则道不须臾离我矣"②。言及"谨理欲之初分"与"治国平天下"之关系，丘濬称："诚能于独知之地，察其端绪之微，而分别之，扩充其善而遏绝其恶，则治平之本于是乎立，作圣之功于是乎在矣。"③

再则由"心"而"事"，探析"察事几之萌动"。"察事几之萌动"是丘濬补"审几微"的第二细目，此为"审几微"之"治事术"，意在及早发现事端，及时加以控制。如丘濬指出，"察事几之萌动"是"治平天下"之"图谋于其易"，是成"天下之务"的捷径。即丘濬所言："事之具也，各有其理。事之发也，必有其端。人君诚能于方动未形之初，察于有无之间，审于隐显之际。端倪始露，预致其研究之功；萌芽始生，即加夫审察之力。由是以厘天下之务，御天下之人，应天下之变，审察于其先，图谋于其易。天下之务，岂有难成也哉。"④

接着从政治人物和天下着眼，探究"审几微"与辨别政治人物忠奸及天下治乱关系。即"防奸萌之渐长"与"炳治乱之几先"，此为"审几微"第三与第四子目内容，丘濬表达了"审几微"在维护政治清正的重要性，表达了"审几微"对于天下安危的重要性。如丘濬称："大凡国家祸乱之变，弑逆之故，其原皆起于小人。诚能辩之于早，慎之于微，微见其萌芽之生，端绪之露，即

① 丘濬：《大学衍义补》卷首"审几微"（补），京华出版社1999年版，第7页。
② 丘濬：《大学衍义补》卷首"审几微"（补），京华出版社1999年版，第7页。
③ 丘濬：《大学衍义补》卷首"审几微"（补），京华出版社1999年版，第9页。
④ 丘濬：《大学衍义补》卷首"审几微"（补），京华出版社1999年版，第9页。

有以抑遏、壅绝之，不使其有积累之渐，以驯致夫深固坚牢之势，则用力少而祸乱不作矣。"① 所以丘濬提出："君子临事，贵于见几，作事贵于谋始。为大于其细，图难于其易。勿谓无害，其祸将大；勿谓无伤，其祸将长。"② 至于"审几微"与天下治乱安危的关系，丘濬看得更为明白，表达了他居安思危、慎始慎终、见微知著、深谋远虑的治国取向。如丘濬有言："盖天下国家，有治则有乱，有安则有危。然乱不生于乱而常生于治之时；危不起于危，而常起于安之日。唯人君恃其久安，而狃于常治也。不思所以制之保之，于是乱生而危至矣。人君诚能于国家无事之时，审其几先，兢兢然，业业然，恒以治乱安危为念。谋之必周，虑之必远。未乱也，而预图制乱之术；未危也，而预求扶危之人。则国家常治而不乱，君位常安而不危矣。"③ 丘濬认为忧患意识关乎天下安危，重视防范。如丘濬指出："自古祸乱之兴，未有不由微而至著者也。人君惟不谨于细微之初，所以驯致于大乱极弊之地。彼其积弊之后，衰季之世，固其宜也。若夫当承平熙洽之余，享丰亨豫大之奉。肆其胸臆，信任非人，穷奢极欲，无所不至，一旦失其富贵尊荣之势而为流离困厄之归，是岂无故而然哉。其所由来必有其渐，良由不能慎之于始，审之于微，思其所必至之患，而预先有以防之矣。"④

二、"治国平天下之要"：救时方略，"创世"设想

丘濬《大学衍义补》明确提出"治国平天下"的十二个方略，即十二个"治国平天下之要"，分别是"正朝廷""正百官""固邦本""制国用""明礼乐""秩祭祀""崇教化""备规制""慎刑宪""严武备""驭夷狄""成功化"。概言之，这十二个方略是以民本思想为统领，以"养民"为目标，重在"治术"，既是丘濬有针对性的救时方略，也是对明中后期国家出路的探寻。

（一）"正朝廷"是"治国平天下"的首要

丘濬强调，"正朝廷"是"治国平天下"的首要，是根本。"先正朝廷以

---

① 丘濬：《大学衍义补》卷首"审几微"（补），京华出版社 1999 年版，第 15 页。
② 丘濬：《大学衍义补》卷首"审几微"（补），京华出版社 1999 年版，第 17 页。
③ 丘濬：《大学衍义补》卷首"审几微"（补），京华出版社 1999 年版，第 18 页。
④ 丘濬：《大学衍义补》卷首"审几微"（补），京华出版社 1999 年版，第 19 页。

为治平之根本，然后推类以尽其余。"① 所以，《大学衍义补》"卷一"子目就是"正朝廷"，丘濬将"正朝廷"作为"治国平天下"之根本方略。所谓"正朝廷"，就是政治上要正本清源，明确最高统治机构（封建国家政权中枢）在"治平"中的位置，厘正其当然角色与本分（或"天职"）及作用。"正朝廷"子目之下，分为"总论朝廷之政""正纲纪之常""定名分之等""公赏罚之失""谨号令之颁""广陈言之路"六个细目。这六个细目，是丘濬从六个方面论述如何"正朝廷"，或者说是丘濬"正朝廷"方略的六条行动方案与具体举措，意义不可小视。那么，"正朝廷"的首要是什么？"正朝廷"六个细目各有所指，若稍作分析，不难发现，"总论朝廷之政"是"正朝廷"之总纲，此目重在明确并论证朝廷"养民"天职，而"正纲纪""定名分""公赏罚""谨号令""广陈言"五个细目是从五个方面论述朝廷如何履行"养民"天职。换言之，所谓"正朝廷"，就是明确朝廷"养民"天职。凡是与"养民"天职相违背的，都是有违"天意"与"天命"的，必须予以匡正。所以，下文以朝廷"养民"天职为重点，稍作阐释。

朝廷天职（或本分）为何是"养民"？丘濬引用儒家元典《易经》予以论证："《易》曰：天地之大德曰生。圣人之大宝曰位。何以守位？曰仁。何以聚人，曰财。理财正辞，禁民为非，曰义。"② 作为天子，集中朝廷之大权，代表朝廷，是朝廷最高决策者。故而丘濬指出："人君所居之位，极崇高而至贵重，天下臣民莫不尊戴。譬则至大之宝也。人君居圣人大宝之位，当体天地生生之大德，以育天地所生之人民，使之得所生聚，然后有以保守其莫大之位焉。然人之所以生，必有所养，而后可以聚之。又在乎生天下之财，使百物足以给其用。有以为聚居衣食之资，而无离散失所之患。则吾大宝之位，可以长保而有之矣。然有财而不能理，而民亦不得而有之。所谓理财者，制其田里，教之树畜，各有其有而不相侵夺，各用其用而无有亏欠，则财得其理而聚矣。所谓'正辞'者，辨其名实，明其等级，是是非非，而有所分别，上上下下，而无有混淆，则辞得其顺而正矣。既理财正辞，而民有趋于利而背于义者，又必宪法令、致刑罚以禁之，使其于财也，彼此有无之间，不得以非义相侵夺。其于

① 丘濬：《大学衍义补》卷1，京华出版社1999年版，第9页。
② 丘濬：《大学衍义补》卷1，京华出版社1999年版，第1页。

辞也，名号称谓之际，不得以非义相紊乱。与凡贵贱、长幼、多寡、取予之类，莫不各得其宜焉。是则所谓义也。吁，圣人体天地生生之仁，尽教养斯民之义，孰有加于此哉？先儒谓《易》之事业，尽在此三言者。臣愚以为，人君受天地之命，居君师之位，所以体天地而施仁立义，以守其位者，诚不外乎此三者而已。"① 要言之，朝廷"体天地生生之仁，尽教养斯民之义"。除此，丘濬还从人性角度及历史角度论述朝廷"养民"的必然性与合理性："朝廷之上，人君修德以善其政，不过为养民而已。诚以民之为民也，有血气之躯，不可以无所养；有心知之性，不可以无所养；有血属之亲，不可以无所养；有衣食之资，不可以无所养；有用度之费，不可以无所养。一失其养，则无以为生矣。是以自古圣帝明王，知天为民以立君也，必奉天以养民。凡其所以修德以为政，立政以为治，孜孜然，一以养民为务……自古帝王，莫不以养民为先务。秦汉以来，世主但知厉民以养己，而不知立政以养民，此其所以治不古若也欤。"② 要言之，"正朝廷"就是要明确朝廷的天职与本分，"以养民为先务"也是圣帝明王开创治世的不二法则，"厉民以养己"的"朝廷"违背天职，要"正"过来。

"朝廷"如何"尽教养斯民之义"？丘濬认为，朝廷首先要以"养民"为天职，建章立制都要以"养民"为目的，而"养民"首先要重农："盖天之立君，凡以为民而已。而民之中，农以为稼穑，乃人所以生生之本，尤为重焉。故凡朝廷之上，政之所行，建官以莅事，行礼以报本，怀柔以通远人，兴师以禁暴乱，何者而非为民？使之得以安其民，尽其力，足其食，而厚其所以生哉？是则上天所以立君，而俾之立政之本意。而为治者，不可不知者也。"③ 显然，丘濬生活的时代，农民赋役渐重，土地兼并问题加剧，流民增多，乡村社会失范现象严重。因此，丘濬提出"重农"作为"养民"的重要方略，反映了他从经济角度探寻朝廷角色与出路的倾向。

丘濬还从"养民"维度，论述"正纲纪""定名分""公赏罚""谨号令"等与朝廷"养民"天职的关系，认为它们本质上都是"养民"的必要举措。

---

① 丘濬：《大学衍义补》卷1，京华出版社1999年版，第1－2页。
② 丘濬：《大学衍义补》卷1，京华出版社1999年版，第4－5页。
③ 丘濬：《大学衍义补》卷1，京华出版社1999年版，第5页。

如丘濬"公赏罚"思想，就是从"养民"角度予以诠释："人君之刑赏，非一己之刑赏，乃上天之刑赏。非上天之刑赏，乃民心之刑赏也。是故赏一人也，必众心之所同善，刑一人也，必众心之所同怒。民心之所同，即天意之所在也。如或不然，拂民心而逆天意。"① 不过，在"正朝廷"方略中，丘濬认为，善于用人则是朝廷尽"养民"之职的政治前提，也是"正纲纪""定名分""公赏罚""谨号令"得以正确执行的基础。他指出："朝廷为治之道，固非一端，而其要在取人之善，用人之能而已。夫人莫不各有所知，亦莫不各有所能。心有所知也，发以为言，己有所能也，用以为才。言有善否，人君惟其善而取之，不使有所伏藏于下。才有大小，人君则随其才而用之，不使有所遗漏于外。则凡朝廷之上，见于施行者，无非嘉善之言，列于庶位者，无非俊贤之士。天下岂有不安者哉？苟或不然，所闻者皆卑冗顺旨之言。言之善者以为不善；不善者反以为善。所用者皆庸下谄谀之人。人之贤者以为不贤；不贤者反以为贤。如是，则善言不闻，贤才远遁，欲事之理，民之安，难矣。是以古之圣帝明王，必广开言路，包容以纳之。大阐贤门，多方以来之。虽以帝舜之为君，大禹之为臣，犹必以此为君臣克艰之效。后世君臣，可不以之为法则乎。"② 同时，丘濬提出，保证朝廷洞悉民情、消息畅通也是朝廷"养民"的重要举措。"养民"首先要了解民众，要知民，才能制定正确政策。丘濬认为："人君以一人之身，居四方之中，东西南北，咸于此焉，取正者也。一身精神有限，耳目之见闻不周，人不能尽职也，事不能尽知也，故必择大臣而信任之，俾其蒐访人才，疏通壅蔽，时加询谋，以求治焉。夫朝廷之政，其弊端之最大者，莫大乎壅蔽。所谓壅蔽者，贤才无路以自达，则国家政事，无与共理，天下人民，无与共治。下情不能以上通，则民间利病无由而知。官吏臧否，无由而闻。天下日趋于乱矣……臣愚窃以谓，治乱之原，固在乎壅蔽，而所以致壅蔽者，尤以委任之非其人也。"③

（二）理想社会："民物于是乎一新，世道兹焉乎复古"

综上，《大学衍义补》以"治国平天下"为纲，在"正朝廷"之下，又有

---

① 丘濬：《大学衍义补》卷3，京华出版社1999年版，第19页。
② 丘濬：《大学衍义补》卷1，京华出版社1999年版，第4页。
③ 丘濬：《大学衍义补》卷1，京华出版社1999年版，第2页。

"正百官""固邦本""制国用""明礼乐""秩祭祀""崇教化""备规制""慎刑宪""严武备""驭夷狄""成功化"十一个子目，一并构成丘濬的救时方略与"创世"设想。"十二子目"内容以"养民"为中心，一并支撑起丘濬心中的"大国梦"，也就是丘濬心中的理想社会——以儒家思想为统领，以"养民"为依归，农商并重，社会规模有如"三代"，万象更新的民富国强的"新"社会。如丘濬在《进〈大学衍义补〉表》中自称："年近七旬，惜余龄之无几。一生仕宦，不出国门；六转官阶，皆司文墨。莫试莅政临民之技，徒怀爱君忧国之心。竭平生之精力，始克成编。恐无用之陈言，终将覆瓿。幸际朝廷更化，中外肃清，总揽权纲，一新政务。傥得彻九重之听，取以备乙夜之观。采于十百之中，用其二三之策，未必无补于当世，亦或有取于后人。民物于是乎一新，世道兹焉乎复古。好所好，恶所恶，一人永子，育乎兆民；贤其贤，亲其亲，四海咸尊，戴于万世。"① 概言之，"民物于是乎一新，世道兹焉乎复古"是丘濬理想社会的基本样式，"四海咸尊"则是丘濬"大国梦"最主要的表现。

需要指出的是，一方面，丘濬把"大国梦"实现寄托于皇帝，希望通过《大学衍义补》"资出治者以御世抚民"，"广正君者以辅世泽民"，实现他的理想社会；另一方面，丘濬希望《大学衍义补》能够教化民众，引领时代，借以实现自己的"大国梦"。丘濬在《〈大学衍义补〉序》中有言："臣之此编，始而学之，则为格物致知之方；终而行之，则为治国平天下之要。宫阙高深，不出殿廷而得以知夫邑里边鄙之情状；草泽幽遐，不履城闉，而得以知夫朝廷官府之政务。非独举其要，资出治者以御世抚民之具；亦所以明其义，广正君者以辅世泽民之术。譬之医术，其前编则黄帝之《素问》，越人之《难经》，后编则张仲景《金匮》之论，孙思邈《千金》之方。一方可以疗一证，随其方以已其疾。惟所用之何如也？前书主于理，而此则主乎事。真氏所述者，虽皆前言往事，而实专主于启发当代之君，亦犹孔、孟告鲁、卫、齐、梁之君，而因以垂后世之训。臣之此编，较之前书，文虽不类，意则贯通。第文兼雅俗，

---

① 丘濬：《琼台诗文会稿重编》卷8《进〈大学衍义补〉表》，明天启三年刻白口本，第559页。

事杂儒吏，其意盖主于众人易晓而今日可行。"① 显然，丘濬"理想社会"实现路径的设计，也体现了丘濬以民为本的思想。当然，这是一个时代产物。

三、关于《大学衍义补》的评价

丘濬身后，《大学衍义补》成为一时的畅销书。于庙堂之上，江湖之远，都有收藏和研读者。但畅销不代表"一致认可"，有明一代，关于《大学衍义补》的评价，还是有很多不同的声音。这种不同的声音实际上反映了治国理念的差异。其中，嘉靖初年阁臣张璁的评论与万历帝及其阁臣的评论可为这种声音的典型。

嘉靖九年（1530），大学士张璁向嘉靖帝表达了他的读书感受："臣观丘濬《大学衍义补》所论，虽出从周之心，然不宜尽以己意阴坏唐虞三代典礼；虽知礼者有见，而众人则未免惑焉。此臣考议之所以不容已也。夫非天子不议礼，恭惟圣祖为一代创业之主，礼乐制度诚如圣制，为子孙者虽亿万年所当谨守敬天法祖，其道一而已矣。"② 张璁出于政治需要对丘濬"尽以己意阴坏唐虞三代典礼"行为给予否定，这也是对《大学衍义补》价值的否定。当然，张璁做此论，绝非学术上的不同观点，亦非探究礼制的学究之论，而为政治需要而论。在"大礼议"中，以张璁为代表的"议礼派"同以杨廷和为代表的"护礼派"展开血腥斗争。张璁以恪守"礼法"本意自居，攻击异己。所以，他对《大学衍义补》的评论，目的正在于提高自己的"礼法"专家地位。

相对而言，万历皇帝及其内阁臣僚对《大学衍义补》的评价则集中体现了明代最高统治集团对《大学衍义补》基本评价和认识。如万历三十三年，明神宗谕内阁："朕思孔夫子继往圣开来学，笔削鲁史《春秋》，明善恶，顺阴阳，百王不易大法，万世君臣所当诵法者也。已有旨，卿等传示讲官，日每撰写讲章进览。又，朕阅先臣丘濬纂述《大学衍义补》，书古今事理，备具考论，节目精详，有裨政治，嘉悦无倦，已命该监重刊传布，俾天下家喻户晓，用臻治

---

① 丘濬：《琼台诗文会稿重编》卷9《〈大学衍义补〉序》，明天启三年刻白口本，第639页。

② 《明世宗实录》卷111，嘉靖三年九月丙申条。

平。卿等撰一文来序于首，简昭示朝廷明德、新民、图治至意，谕卿等知。"①
万历三十三年十二月"壬戌，内阁撰上《御制重刊〈大学衍义补〉序》。上为
嘉悦，赐元辅银四十两，彩缎三表里；次辅每银三十两，彩缎二表里，仍各赐
酒饭有差。序曰：'朕惟帝王之学，有体有用，自仲尼作《大学》一经，曾子
分释其义，以为十传，其纲明德、新民、止至善，其目格、致、诚、正、修、
齐、治、平，阐尧舜禹汤文武之正传，立万世帝王天德之绳准，宋儒真德秀因
为《大学衍义》，掇取经传子史之言以实之，顾所衍者，止于格致、诚正、修
齐，而治平犹阙。逮我孝宗敬皇帝时，大学士丘濬乃继续引伸，广所未备，为
《大学衍义补》，揭治国平天下新民之要，以收明德之功，采古今嘉言善行之
遗，以发经传之指，而后体用具备，成真氏之完书，为孔曾之羽翼，有功于大
学不浅。是以考庙嘉其考据精详，论述该博，有补政治，特命刊而播之。朕践
祚以来，稽古正学，经史诸书博涉殆遍，因念真氏《衍义》，我圣祖大书于宫
壁，累朝列圣置之经筵，肃祖听讲之余，赋《翊学》诗以纪之。朕爱命儒臣日
以进讲，更数寒暑，至于终篇。然欲因体究用而此书尤补《衍义》之阙，朕将
抽绎玩味，见之施行，上溯祖宗圣学之渊源，且欲俾天下家喻户晓，用臻治
平，昭示朕明德新民图治至意。爰命重梓，以广其传，而为之序云'"。②

---

① 《明神宗实录》卷416，万历三十三年十二月己未条。
② 《明神宗实录》卷416，万历三十三年十二月壬戌条。

第四章　养民思想

丘濬步入政坛之际，正值明朝国运式微之时，"成化症候"深重。明朝看似一派祥和，实则社会矛盾不断激化，阶级矛盾加剧，滑进一个人心迷失、险象环生的特殊阶段。为匡济时艰，丘濬勇于担当，提出"正朝廷""正百官"等"治国平天下"方略，他强烈谴责朝廷"厉民以养己"的行径，并就景泰以来特别是成化时期统治问题进行深刻反思，提出"养民"思想。丘濬"养民"思想是其救时理念的核心内容，是其经世思想的"灵魂"。

第一节　"养民"：丘濬的"时代"检讨

景泰、成化时期，土地兼并加剧，灾荒频发，赋役繁重，自耕农大量破产，流民问题严重，乡村贫困化（主要是农民贫困问题）已成为极为普遍的社会问题，灾民在饥饿与死亡的威胁下，灾区相继发生"人食人"惨剧。同时，明初以来，随着手工业与商业发展，城镇人口增多及财富积累，长江中下游地区、大运河沿岸及华南部分地区的城镇社会商业化加速。至成化时期，以省治、府治及新兴商业城镇为中心的国内市场网络初步形成，明代进入以经济社会自组织为主要途径、以商业社会建构为核心内容的城镇社会商业化阶段。其中，这种趋势的重要标志之一——商品意识越来越为社会各阶层接受。丘濬言："今夫天下之人，不为商者寡矣。士之读书，将以商禄；农之力作，将以商食；而工、而隶、而释氏、而老子之徒，孰非商乎？吾见天下之人，不商其身而商其志者，比比而然。"① 是时，聚敛巨额财富的城镇与大都市，在商品经济刺激下，时人生活观念骤变，物欲日炙，追逐豪奢生活已蔚然成风。成化十七年，兵部尚书陈钺奏："两京及都会之处官员军民之家衣服饮食器用穷极奢侈，以至婚姻丧葬越礼僭分。"② 这股风气从主要都市迅速向中小城镇蔓延开来。兖州定陶县"国初宫室尚朴，服不锦绮，器用陶瓦。成化以后，富居华丽，器用金银，陶以翠白，市井有十金之产，辄矜耀者有之"③。可以说，成化时期是一个充满苦难的多事之秋，是乡村贫困化、城镇奢靡化及民众心理浮躁化等同体异质诸元素耦合畸变而成的一个社会动荡、人心彷徨的特殊时代。换言之，成化时期是明代历史上的一个标志性阶段，抽绎着明代民生全面恶化、社会发生深层次变化的特殊时期。

一、"养民"：丘濬鲜明的政治主张

明太祖是一位有着强烈忧患意识的理想主义者。④ 他以"养民"为号召，以土地开发为途径，积极构建丰衣足食、控制有力的小农社会。⑤ 终洪武之世（1368—1398），君臣以"养民"相标榜，休养生息，励精图治，民生稍安，民食稍足。永乐时期（1403—1424），朝廷以抚民与屯田为急务，重视农业生产，兴修农田水利。洪熙、宣德时期（1425—1435），政府尚能与民休息，乡村社

---

① 丘濬：《重编琼台稿》，上海古籍出版社1991年版，第205页。
② 《明宪宗实录》卷214，成化十七年四月戊辰条。
③ 万历《兖州府志》卷31《风俗》定陶县，天一阁馆藏明代方志丛书。
④ 参见笔者撰：《"救灾天子"朱元璋》，《中国教育报》，2008年6月18日。
⑤ 如明太祖告诫官僚："自古生民之众，必立之君长以统治之。不然，则强者愈强，弱者愈弱，纷纭吞噬，乱无宁日矣。然天下之大，人君不能独治，必设置百官有司以分理之。除强扶弱，奖善去奸，使民遂得其安。然后可以尽力田亩，足其衣食，输租赋以资国用。予今命汝等为牧民之官，以民所出租赋为尔等俸禄，尔当勤于政事，尽心于民。民有词讼当为办理曲直，毋或尸位素餐，贪冒坏法，自触宪纲，尔往其慎之。"（《明太祖实录》卷24，洪武元年秋七月丁丑条）他强调："夫善政在于养民，养民在于宽赋。"（《明太祖实录》卷29，洪武元年正月甲申条）"敕谕新授北方守令曰：牧民之任当爱其民，况新附之邦，生民凋瘵，不有以安养之，将复流离失所望矣。尔等宜体朕意，善抚循之，毋加扰害，简役省费以厚其生，劝孝励忠以厚其俗。"（《明太祖实录》卷32，洪武元年秋七月丙子条）他曾明确指出："人君所以养民也，民与君同一体，民食有缺，吾心何安？"（《明太祖实录》卷73，洪武五年五月戊午条）等，相关史料很多，在此不一一枚举。

会秩序基本稳定。然而，正统（1436—1449）以来，统治者逐渐失去了建国之初的勤政不怠作风，政治腐败，君臣事实上不再以"养民"为念，皇帝多耽于逸乐，官员多贪污腐化，民生每况愈下。

（一）"时代"检讨

成化时期，明朝政治陷入腐败混乱的泥潭。明宪宗荒淫怠政，整日沉溺于"神仙、佛老、外戚、女谒、声色货利、奇技淫巧"之中。① 宦官专权，奸佞当道，"传奉官"满天飞。如朝廷大臣"未进也，非夤缘内臣则不得进；其既进也，非依凭内臣则不得安。此以财贸官，彼以官鬻财"②。腐败的政治成为民生贫困、社会失范的催化剂，催生出明朝的"积贫积弱"，皇帝漠视民瘼，多数官员尸位素餐。如时人所言："各处三司官多不勤政务，民以急告，辄相推避，辗转以至事滞民艰。"③ 凡此，遂使成化时期的社会小问题不断酿成社会大灾难、地方性灾荒事件不断激化为大规模民变事件。

丘濬，一位关心民生、胸怀经世济民之志的官员，④ 他对明中期"成化症候"看得透彻。如他在《送琼山胡县丞序》中，以家乡琼山县官吏盘剥百姓、社会风俗流为例，如此议论："常闻父老言，洪武、永乐之间，吾邑人处乡落者，务本业，勤生理，质朴谨愿，有老死不识城市者，间以事入城，亲友共祖之，惘惘有离别可怜之色，如将万里行然。为士夫者，守廉隅，敦礼义。有为不义者，众共嫉视之如怪物焉。所谓珥笔终讼之风无有也。自予少时犹及见之。其后也，长民者习知其故，谓其无能为也。乃听吏民之狡黠者，以为腹心；任厮卒之狞恶者，以为爪牙。于是苞苴之、鱼肉之、草芥之、寇仇之、禽狝而草薙之，抉其口而夺之食，把其臂而夺之衣，刲其褓褓而夺其赤子，凡可以恣吾之欲者，无所不至焉。于是乎民力始困，民财始竭，民计始穷，民俗始变，而珥笔终讼之风起矣。盖在某时某人为邑时始也。呜呼，斯人往矣，而财力之困，至今犹未苏；民俗之薄，至今犹未复；告讦之风，至今犹未息。呜

① 张廷玉等：《明史》，中华书局 1974 年版，第 4783 页。
② 张廷玉等：《明史》，中华书局 1974 年版，第 4779 页。
③ 《明宪宗实录》卷 108，成化八年九月己酉条。
④ 赵玉田：《丘濬经世情怀与明中期社会变迁》，《古代文明》2007 年第 3 期。

呼，是孰为而孰致之哉?"① 丘濬为化解明中期统治危机及谋求大明帝国出路而苦苦探寻。他心怀天下，甘于寂寞，花费十年之功，于成化二十三年（1487）撰成囊括其"治国平天下"思想的《大学衍义补》一书。是书，以发微儒家元典经世精神为基准，以历代政治得失为参照，在检视明初以来、特别是成化时期政治及经济社会等问题基础上，围绕"养民"重心，从"治道"与"治法"层面就国家出路进行全面探索，尤重视"治法"方案，提出了具有可操作性的救时方略与具体举措。

　　丘濬在政治上是一位现实主义者，对政治与思想亦本着求真务实的态度，而非人云亦云。先秦儒家标榜以德治国，提出"德惟善政"政治信念，构建了君王由道德实践而政治实践的"必然"的治政模式。至西汉武帝时期，董仲舒把儒学变成政治神学，建立起以"天"为宇宙最高主宰与人类社会最高权威的政治信仰体系，使"天子"获得了神圣的属性。至此，儒家纲常名教与德治思想也由人的规则、社会的规则变成天地法则，儒家"德"观念与功能亦被政治化及政治神化。如唐宋时期，《大学》"德治"基本逻辑与模式"教条化"，格物致知—诚意正心—修齐治平成为"必然法则"与"当然政治"。宋明理学进一步夸大"正心"治政功效，将"治道"与"治法"混同，模糊"内圣"与"外王"二者之间距离，甚至以"内圣"代替"外王"，实际上陷入以"道德修养"为"政治行为"的思维误区，造成"德"的政治功能被无限夸大，将"道德"视为天下国家致治之当然途径。事实上，现实政治中的道德与政治并不对称，"内圣"与"外工"并无必然联系，"治心"与"治国"是两回事。相对而言，丘濬在政治上和思想上是清醒的，他清楚"治道"与"治法"有别，功效不同，不能混同。如丘濬信奉程朱理学，但非盲目崇拜而奉其为金科玉律，而是有自己的判断，甚至提出不同观点。如丘濬有言："朱熹谓古之大学，主于教人，而因以取士。故士来者，为义而不为利。臣窃以谓仁义未尝不利。士之自学校而升之太学也，或以岁贡，或以科目，或以大臣之了。其所以游太学者，养之饩廪，处之斋舍。临之以师儒朋友，约束之以法制规矩，彼果何所为而来哉？……但在上之人，所以处置之何如耳。为学莫大于明经，立身

---

　　① 丘濬：《琼台诗文会稿》卷40《送琼山胡县丞序》，内蒙古人民出版社2002年版，第827－828页。

莫先于忠孝。有矩范以镇其浮，有资限以抑其躁，有考校以试其进，如是，则凡在学之士，彼以利而来，吾以义而教，彼能行吾之义，则彼所谓利者，从而得矣。则天下之士，孰不愿游于吾之学哉？"① 所以，在丘濬看来，"治道"重要，"治法"同样重要。相对而言，丘濬更重视"治法"。他指出："宋之时，道学大明，其末流之弊，乃有假之说以济其私，一切不事事。上之人从而信之，遂至于议论多而成功少，虚文胜而实效微。"② 所以，面对"成化症候"，丘濬不是慷慨论"道"，而是从现实出发、从解决实际问题出发，提出自己的"治法"主张。要言之，丘濬认为，唯有"立政以养民"，才是根本解决方案。

养民思想是儒家民本思想的主要内容之一。民本思想是中国古代政治思想的重要成分，也是历代王朝的一项基本政治原则。"养民"一词首见于《尚书·大禹谟》。该书称："德惟善政，政在养民。"所谓"养民"，即教养万民，也就是"君养民"。《尚书·泰誓》亦有言："惟天惠民，惟辟奉天。"③《春秋左传正义》亦称："良君将赏善而刑淫，养民如子，盖之如天，容之如地，民奉其君爱之如父母，仰之如日月，敬之如神明，畏之如雷霆……天之爱民甚矣，岂其使一人肆于民上，以从其淫，而弃天地之性，必不然矣。"④ 汉武帝以来，儒家独尊，民本思想不断被诠释与建构，"养民"还是"养君"成为判断君民关系的重要尺度。

君主及朝廷是"厉民以养己"还是"立政以养民"？换言之，君主及朝廷的政治使命与政治责任是什么？这是丘濬在《大学衍义补》中着重论述的一个根本性的政治问题。成化帝堪称"厉民以养己"的典型皇帝，他为一己私欲，大肆授给那些带来生理心理快感的所谓有"一技之长"的工匠、术士、艺人、僧人等官职，致使"传奉官"泛滥。据《明史》载，成化时期，朝廷"一岁而传奉或至千人，数岁而数千人矣。数千人之禄，岁以数十万计"。⑤ 在《明宪宗实录》中，成化帝任命"传奉官"的史料也不少。如成化二十一年二月，"吏部奏列传奉陞除者，除勋戚、功陞、阴授录用外，通得五百十四人，太常

---

① 丘濬：《大学衍义补》，京华出版社 1999 年版，第 602 页。
② 丘濬：《大学衍义补》，京华出版社 1999 年版，第 670 页。
③ 阮元校刻：《十三经注疏》，中华书局 1980 年版，第 181 页。
④ 阮元校刻：《十三经注疏》，中华书局 1980 年版，第 1958 页。
⑤ 张廷玉等：《明史》，中华书局 1974 年版，第 4779 页。

寺卿至博士等官三十六，通政使司及太仆寺卿等官一十八，光禄寺少卿及尚宝司卿等官一十六，太医院使至御医等官五十二，鸿胪寺丞至序班等官百七十九，工部员外郎及礼部司务等官一十九，钦天监司历博士以至冠带天文生六十三，中书舍人二十，冠带食禄儒士一百八，参议县丞主簿各一，皆具其出身履历以闻。于是，御笔点阅之，点者留，否者去。其留者太常寺卿陈敩、赵玉芝，太仆寺卿朱奎，通政使司通政使蒋宗武，左右通政施钦、任杰，太常寺少卿李景华、张苗、顾纶、雷普明，太仆寺少卿李纶光，禄寺少卿于信，尚宝司卿仲兰、杨杞，少卿严勋，太常寺寺丞江怀、连克彰、凌中、萧崇玉、毛守玄、邓常恩，光禄寺寺丞陈赉、蒋钊，鸿胪寺寺丞于浩、黄钺、沈达、张春、沈铨，尚宝司丞何瑾、黄大经、李英、金钥、许瀚、张奎，太医院院使刘文泰，院判董槃、任义、章渊、丘玉、钱宗嗣、胡廷寅、张纶、王玉、周经，中书舍人王哲、孙廷臣、朱宏、喻经、岑业、梁荫、杜昌、陈敬、顾经、唐胜、杨清、段杰、谢汝明、李成、华英、曹以山，山东参议梁能等也"①。如成化二十三年四月，"又传奉圣旨：陞尚宝司卿杨杞为太仆寺卿，中书舍人杨清尚宝司司丞，锦衣卫正千户李荣指挥佥事，副千户陆永、沈智正千户，百户李俊、张旺、周贵、朱敬、王通副千户，所镇抚于忠、朱杰、姚文善、尤善冠带舍人，韦金管事，总旗韦冕百户，文思院大使王岩营缮所所副，副使徐义等六人俱大使，舍人韦让等二十九人俱锦衣卫所镇抚、带俸闲住，府军右卫副千户萧旺，锦衣卫所镇抚钱通俱复职，锦衣卫所镇抚董让、文思院副使王善、刘宽俱支全俸，仍旧办事，太医院院使刘文泰升通政使司右通政，御医潘泽院判，医士彭辅御医清杞之子也"② 等。丘濬不以身家性命为虑，以古论今，以古证今，对"传奉官"及类似现象批评，语言不可谓不犀利，论述不可谓不深刻。如丘濬撰文质问："诚以帝世之用人也，或帝心之简在，或公庭之佥举，或询之大臣，或得之推让。非若后世有由旁蹊奥援，阿私而幸进者也。不问其人之能与否，不论其职之称与否，是以用各违其才，人不称其官。官既不称，则朝廷之政，何由而举？政既不举，则天下之民何由得安？此后世所以不古若也…… 为人君者，诚知人臣所熙之事，皆祖宗之事。所亮之功，皆皆上天之功，则决不

① 《明宪宗实录》卷262，成化二十一年二月己未条。
② 《明宪宗实录》卷289，成化二十三年四月庚寅条。

肯徇私意以用人，用非人以废事。则朝廷之政，得人修举，天下之民，由是乂安矣。噫，彼其以祖宗之官爵为己之私物，以上天之事功行人之私意，岂不有以负祖宗之付托，上天之建立哉?"① 成化时期是朝廷"厉民以养己"的黑暗时代，各级政府以盘剥为能事，贿赂公行，官员肆意剥敛。如时人马文升所言，明太祖"以仁爱养民，凡遇灾伤，即免税粮。虽丰收之年，度其仓廪有余之处，亦量蠲免。地亩税粮十一而税，凡一应供用果品牲口颜料等项，俱于粮石内免粮买办，未尝分毫重科于民。视彼成周，尤为过之。列圣相承，咸遵是道。所以人民殷富，而天下晏然。自成化以来，科派不一，均徭作弊，水马驿站之尅害，户口盐钞之追征，加以柴薪皂隶银两，砍柴抬柴夫役，与夫买办牲口厨料，夏秋税粮马草，每省一年有用银一百万两者，少则七八十万两。每年如是，所以百姓财匮力竭，而日不聊生也。一遇荒歉，饿殍盈途，盗贼蜂起"②。丘濬出身社会底层，对民众疾苦有着切身感受，对朝廷"压榨"民众的后果有着更加清醒的认识，他指出："天生物以养人，付利权于人君，俾权其轻重，以便利天下之人，非用之以为一人之私奉也。"③ "朝廷之上，人君修德以善其政，不过为养民而已。"④ 即"养民"是政治根本与核心。换言之，"养民"是朝廷的政治目的与天职，更是君主与官员的本分。

(二)"治道"与"养民"

"治道"（"体"）与"养民"关系如何? 丘濬对这个问题的思考是多方面的，最为主要的，是通过《大学衍义补》在政治与理论层面予以考量，也就是从"体"与"用"的关系来分析，进而明确"用"的重要性。如丘濬在《〈大学衍义补〉序》中指出："儒者之学，有体有用。体虽本乎一理，用则散于万事。要必析之极其精而不乱，然后合之尽其大而无余。是以《大学》之教，既举其纲领之大，复列其条目之详，而其条目之中又各有条理、节目者焉。其序不可乱，其功不可缺，缺其一功则少其一事，欠其一节而不足以成其用之大。而体之为体，亦有所不全矣。然用之所以为大者，非合众小又岂能以成之哉?

① 丘濬：《大学衍义补》卷1，京华出版社1999年版，第4页。
② 陈子龙：《明经世文编》，中华书局出版1962年版，第518页。
③ 丘濬：《大学衍义补》，京华出版社1999年版，第259页。
④ 丘濬：《大学衍义补》卷1，京华出版社1999年版，第4页。

是知大也者，小之积也。譬则网焉，网固不止乎一目，然一目或解则网有不张；譬则室焉，室固不止乎一榱，然一榱或亏，则室有不具。"① 很显然，从上述有关丘濬论述的引文来看，丘濬更加关注"用"的问题。"正心"是"体"，"养民"是"用"。丘濬心思所在，在"用"而不在"体"。这并不是说"体"不重要，而是成化时期诸多社会问题，特别是民生问题，必须拿出具体而有实效的解决方案，也就是"用"，即"养民"具体方案。因此，丘濬谈及《大学衍义》与《大学衍义补》之间的关系时才特别指出："前书其体，此书其用也。"② 丘濬认为人君首要任务不是"正心"，而是"凡其所以修德以为政，立政以为治，孜孜焉，一以养民为务"③。

二、"养民"：君主天职与官员本分

为何要"养民"？或者说，"养民"的意义与价值是什么？丘濬运用比较的方法，从正反两个方面进行论证。如丘濬提出："自古帝王，莫不以养民为先务。秦汉以来，世主但知厉民以养己，而不知立政以养民。此其所以治不古若也欤。"④ 换言之，历史上的治与不治，根本原因在于君主与朝廷养民与否。此论，旨在强调养民的重要性。"立政以养民"，这是丘濬明确提出的一个切中明朝时弊的政治命题。

丘濬在《大学衍义补》子目"正朝廷""正百官"的论述中，已经从朝廷天职与百官责任角度论述了他的养民主张与方略。除此之外，丘濬认为，地方官是朝廷"养民"的重要执行者，事关养民方略实施成败，他指出："天生烝民，不能自治，而付之君。君统万民，不能独理，而付之臣。是则天之立君，君之任臣，无非以为民而已。故凡朝廷之上，三公九卿，百司庶尹，何者而非为民而设哉？不但置州县，设守令以为民也。自古圣帝明王，知天为民立己以为君，莫不以重民为先务。重乎民，必重治民之官。而于其所亲近者，尤重焉。守令是矣。古人有言，轻郡守县令，是轻民也。民轻则天下国家轻矣。自

---

① 丘濬：《琼台诗文会稿》，内蒙古人民出版社 2002 年版，第 638 页。
② 丘濬：《琼台诗文会稿》，内蒙古人民出版社 2002 年版，第 510 页。
③ 丘濬：《大学衍义补》卷 1，京华出版社 1999 年版，第 5 页。
④ 丘濬：《大学衍义补》卷 1，京华出版社 1999 年版，第 5 页。

昔论治体者，往往欲均内外之任，使无偏重偏轻之患。臣愚以为在内之官，莅事者也。在外之官，莅民者也。莅事者固助其君以治民，又孰若莅民者亲代其君以施政于民者，尤为切要哉。君以民为天。臣愚以为，事轻于民。莅民者比之莅事者，尤为重也。"①

丘濬强调，"养民"是君主的天职与官员的本分，这是天经地义的职责，不可模糊与懈怠。朝廷及君主若"厉民以养己"，则有违天意，实为自取灭亡之道。因为"天立乎君，君奉乎天，天固非以一人之故而立其以为君，人君亦非以其人之故而以之为诸侯、大夫、师长。人君则当奉顺天道，人臣则当承顺君命。天之道，在生民。人君之命，亦在生民。人君知天之道为生民，立我以为君，则必爱天之民而不肆虐于天之所生者，而竭其力，尽其财，以为私奉。人臣知君之命为生民，设我为诸侯、大夫、师长，则必恤君之民，而不敢肆毒于君之所付者，而竭其力、尽其财，以为私用。君则奉乎天而顺之，臣则承乎君而行之。则生民无不得其所者矣。是则上天所以立君，而明王所以顺天道，定职官，以为民者，大意盖如此"②。丘濬同时强调，君主及朝廷"养民"，首先要明确"天下为民"的道理："天以天下之民之力之财奉一人以为君，非私之也，将赖之以治之，教之，养之也。为人君者，受天下之奉，乃殚其力、竭其财以自养其一身而不恤民焉，岂天立君之意哉？秦始皇以千八百国之民自养，而为驰骋田猎之娱，至于力罢财尽，而不能供，违天甚矣。虽欲不亡，得乎？"③ 他以救荒为例，痛责官员失职：灾荒之时，"为人上者，何忍独享其奉哉？虽欲享之，亦且食不下咽也。虽然，与其贬损于既荒之余，孰若保养于未荒之先？"④ 实际上，丘濬上述言论，议古论今，是在直接警示当朝皇帝，指出当下民生困苦就是朝廷失职造成的，朝廷应该承担全部责任。对于朝廷而言，最为主要的问题是如何解决民生问题，而不是听之任之，规避责任。因为"天之立君，君之任臣，无非以为民而已"⑤。而官员又肩负代君养民的职责。"大抵天立君以为之子，君立官以为之臣，无非为乎斯民而已。盖天生烝民，不能

① 丘濬：《大学衍义补》，京华出版社1999年版，第181－182页。
② 丘濬：《大学衍义补》，京华出版社1999年版，第44页。
③ 丘濬：《大学衍义补》，京华出版社1999年版，第229页。
④ 丘濬：《大学衍义补》，京华出版社1999年版，第157页。
⑤ 丘濬：《大学衍义补》，京华出版社1999年版，第181页。

以自治，而付之君。君承天命，不能以独理，而寄之臣。则是臣所治者，君之事；君所治者，天之事也。"① 换言之，人民饥寒交迫，便是君主失职，是官员的罪责。因此，丘濬强调，作为官员（人臣），"必恤君之民，而不敢肆毒于君之所付者而竭其力、尽其财、以为私用"②。丘濬尤为强调："为治之道，在于用人。用人之道，在于任官。人君之任官，惟其贤而有德，才而有能者，则用之……人臣之职，在乎致君泽民。其为乎上者，必陈善闭邪，以为乎君之德。其为乎下也，必发政施仁，以为乎民之生。"③

第二节　养民思想的核心：为民理财

　　明代以前，"养民"仅仅是儒家推崇的一个政治观念而已，并未形成完整的思想体系。明中叶，丘濬为了救时，在其《大学衍义补》中，始从"蕃民之生""制民之产"等几个方面全面阐释其养民思想。从促使养民思想发展的角度而言，丘濬功不可没。经丘濬从政治、经济、文化、思想、道德、礼制、民族、军事等方面的系统论述，养民思想体系得以最终建构与完善。而就丘濬阐释及完善养民思想的本心（即目的）而言，不在于思想体系的建构，而是重在"用"，即把养民的具体方略措施作为化解明朝危机、经世救时之良方。所以说，就养民思想本身而言，丘濬的贡献不仅在于使其体系得以最终底定，更为重要的是其养民思想的实践。

一、丘濬"为民理财"思想的时代背景

　　养民思想是儒家民本思想的主要内容之一。丘濬的养民思想则极大丰富了此前儒家的养民思想，增加了很多新的内涵，是时代的产物。其中，"为民理财"思想是丘濬养民思想的核心内容，也是丘濬实现养民政治的主要方略与途径。

　　尽管本书在第一章就"成化症候"现象予以论述，但为了便于对"为民理

① 丘濬：《大学衍义补》，京华出版社 1999 年版，第 43 页。
② 丘濬：《大学衍义补》，京华出版社 1999 年版，第 44 页。
③ 丘濬：《大学衍义补》，京华出版社 1999 年版，第 40 页。

财"思想的理解与认识，有必要对丘濬"为民理财"思想的产生背景略作赘述。

"成化症候"在经济上的一个突出表现，就是商品经济活跃、社会经济呈现出商业化趋势。在商品经济的刺激下，财富成为判定人的社会价值的主要标准之一，商品规则成为当时社会默认的社会规则，商品意识逐渐成为底层社会、市民社会的主体意识。对此，丘濬亦有所描述："凡百居处食用之物，公私营为之事，苟有钱皆可以致也。惟无钱焉，则一事不可成，一物不可得。"①进而言之，明中期以来，特别是成化时期，明朝进入传统社会商业化的时代，传统农业社会的近代化转型已经启动，市民阶层逐渐壮大，市民文化自觉逐渐增强。丘濬在政治上推崇帝王政治与封建统治，但是，在经济上，他实际上已经站在"时代"前沿，为经济生活"新时代"鼓与呼。在丘濬看来，工商业的充分发展是大明帝国实现民富国强、挽救危局的重要出路，而海外贸易则是明朝实现富国富民目标的不可或缺的经济战略与经济活动，是朝廷养民及"为民理财"的主要途径与重要措施。因此，丘濬非常重视工商业发展，坚决反对政府专卖之举与闭关政策，他提出政府要积极发展海外贸易及大力培育市场，朝廷要鼓励民间从事海外贸易活动，要减轻赋税，增加民众经济收入。要言之，丘濬"为民理财"思想，源于现实社会经济的商业化影响。丘濬"为民理财"思想另一个主要来源是农民贫困化的现实。明中期以来，土地兼并严重，灾荒频发，农民赋税徭役负担沉重，自耕农大量破产，大部分农民的生活悲惨，实则游走在灾民与饿殍边缘之间，流民问题成为全国性的社会问题，社会矛盾与阶级矛盾不断累积，时而激化。

明中期还是封建传统力量占绝对优势的时代，异于程朱理学及传统治国方略的想法自然被视为"异类"，都会遭到保守势力的强烈否定与打击。丘濬不是空想家，他是现实主义者，是一位勇于担当的成熟的政治家，他直面"成化症候"，对明中期传统社会危机与统治危机有着清醒的认识。正因为如此，丘濬对儒学及礼法的理解与认识，不局限于有字的书，尽管一生嗜学，手不释卷，但他不是书呆子，而是一位有智慧的人，并不"墨守成规"，而是活学活用、古为今用。同时，丘濬非常重视无字的书，即现实社会，他结合儒家传统

___
① 丘濬：《大学衍义补》，京华出版社 1999 年版，第 208 页。

思想来研读现实政治与社会问题及民生问题。所以，丘濬每一则"治平"方略的提出，先确定具体的社会现实问题，然后采取发微儒家元典精神及部分思想家的论断而展开，走的几乎都是"托古改制"的路径。丘濬这样做，主要是为他的"治平"之术找到"理论"依据，增加"合理性"与可信度。丘濬"为民理财"思想的提出，就是这种智慧之举。如丘濬称："《大学》释治国平天下之义，谆谆以理财为言，岂圣贤教人以兴利哉？盖平之为言，彼此之间各得分愿之谓也。何也？天下之大，由乎一人之积，人人各得其分，人人各遂其愿，而天下平矣。是故天子有天下，则有天下之用度。匹夫有一家，则有一家之用度。天子之用度则取之民。民之用度，将取之谁哉？居人之上者，将欲取于民也，恒以其心度民之心，曰彼民之家，上有父母，下有妻子，一日不食则饥，一岁无衣则寒，彼之家计，不可一日无，亦犹吾之不可一日无国计也。体民之心，反之于己，使彼此之间，各止其所处之分，各遂其所欲之愿，无一人之不遂其生，无一人之或失其所，则天下无不平者矣。"①

二、丘濬"为民理财"思想的内涵

在丘濬看来，"财"在国家政治生活中的作用不可替代，认为统治者要正视财富在安定民生中的决定性作用。如丘濬指出："国家之所最急者，财用也。财生于地而成于天，所以致其用者，人也。"②"人君为治，所以使一世之民恒有聚处之乐而无分散之忧者，果用何物哉？财而已矣。"③丘濬认为，"为民理财"就是践行养民思想，也是养民的最重要的措施与根本方略。其"为民理财"的含义，大致有以下几点：

（一）"为民理财"的必要性与重要性

丘濬高度重视"财"在治国中的重要地位和意义。他指出："盖以财之有无，国之贫富，民之休戚，兵之强弱，世之治乱系焉。"④至于义利之辨，传统儒家思想大多采取重义而轻利的态度。对此观点，丘濬不以为"是"，他不把

---

①　丘濬：《大学衍义补》，京华出版社 1999 年版，第 202 页。
②　丘濬：《大学衍义补》，京华出版社 1999 年版，第 198 页。
③　丘濬：《大学衍义补》，京华出版社 1999 年版，第 154 页。
④　丘濬：《大学衍义补》，京华出版社 1999 年版，第 226 页。

义与利摆在对立面进行辨析，而是从民生与社会层面认识"利"的重要性，提出重"利"思想，强调"财"在国计民生中的根本作用。如丘濬引经据典，从政治高度与生命层面论述"为民理财"的必要性与重要性。他指出："《易》曰：何以聚人？曰财。财出于地而用于人。人之所以为人，资财而生，不可一日无焉者也。所谓财者，谷与货而已。谷所以资民食，货所以资民用。有食有用，则民有以为生养之具，而聚居托处以相安矣。《洪范》八政，以食与货为首者，此也。大禹所谓'懋迁有无，化居'，此六言者，万世理财之法，皆出于此。然其所以徙有于无，变化其所居积者，乃为悉民粒食之故耳。是其所以理财者，乃为民而理，理民之财尔。岂后世敛民之食用者，以贮于官而为君用度者哉？古者藏富于民，民财既理，则人君之用度无不足者，是故善于富国者，必先理民之财，而为国理财者次之。"① 丘濬告诫当政："为民理财"是百姓生存的前提，是社会稳定的基础，是王朝长治久安之根本大计。所以，"为民理财"意义重大。因为"布帛以为衣，米谷以为食，乃人生急用之物，不可一日亡焉者也。"② 所以，丘濬明言："朝廷政治之最急者，莫急于民莫得食。"③ 只有人民有"财"，物质生活有了基本保障，"民之所以为生产者，田宅而已。有田有宅，斯有生生之具。所谓生生之具，稼穑、树艺、牧畜三者而已。三者既具，则有衣食之资，用度之费，仰事俯育之不缺，礼节患难之有备，由是而给公家之征求，应公家之徭役。皆有其恒矣。礼义于是乎生，教化于是乎行，风俗于是乎美"。④

（二）朝廷（君主）"为民理财"的主张

丘濬指出，朝廷（君主）应遵从上天旨意，不要为自己理财，而要为民理财，应富民而不应富己。若朝廷以天下财富为其私利，任意挥霍，必将使国破家亡，民众离散。"天生五材，民并用之，君特为民理之耳，非君所得而私有也。苟认以为己物而私用之，不知天生之有限，民力之孔艰，积之百年而不足，散之一日而无余。日消月耗，一旦驯至于府库空虚，国计匮乏，求之于

---

① 丘濬：《大学衍义补》，京华出版社1999年版，第197页。
② 丘濬：《大学衍义补》，京华出版社1999年版，第251页。
③ 丘濬：《大学衍义补》，京华出版社1999年版，第153页。
④ 丘濬：《大学衍义补》，京华出版社1999年版，第130页。

官，官无储峙，求之于民，民无盖藏。于是之时，凡百谋为，皆不遂矣。君位何所恃以为安，国家何所资以为治哉？"① 丘濬认为，"为民理财"是君主与朝廷不可推卸的天职与使命，人命关天，责无旁贷。如丘濬有言："人君受天命以为生民主，乌可付民命于天，而不思所以制之于己哉。制之以己者，奈何？盖民以食为命，资财而生，足其实用，则是延其生命也。"②

（三）朝廷（君主）在"为民理财"过程中的作用

在"为民理财"过程中，君主或朝廷扮演何种角色、起着何种作用？君主或朝廷如何"为民理财"？对此，丘濬有自己的看法，他认为君主和朝廷一定要爱惜民力，减轻徭役，给民众更多生产时间："君以养民为职。所以养之者，非必人人而食之，家家而给之也。惜民之力，而使之得以尽其力于私家，而有以为仰事俯育之资，养生送死之具，则君之职尽矣。"③ 除此之外，他还提出，朝廷不仅要为民众开发生财之道，制民之产，还要薄赋税，不能"横取诸民"："盖财用，国之常经，不可一日无者。苟徒禁其为聚财之政，而不示之以生财之端，则异时国用不给，终不免横取诸民。则是以理财为讳者，乃所以为聚财之张本也。"④ 所谓生财之道，丘濬有专门论述，包括限制土地兼并，鼓励工商业发展，大力发展海外贸易等活动。

对于朝廷或君主在"为民理财"中所应起到的作用，丘濬本着"立政以养民"的基本论断，明确提出君主或朝廷应该是"为民理财"的责任人、主导者、管理者与监督者："天生物以养人，人君为之厉禁，使彼此势均而无欺陵攘夺之患，人人皆富而不贫，不夺彼而予此也。"⑤ 又："天生众民，有贫有富，为天下主者，惟省力役，薄税敛，平物价，使富者安其富，贫者不至于贫，各安其分，止其所得矣。乃欲夺富与贫，以为天下，乌有是理哉？夺富之所有以与贫人，且犹不可，况夺之而归之于公上哉？吁，以人君而争商贾之利，可丑之甚也。"⑥

① 丘濬：《大学衍义补》，京华出版社 1999 年版，第 208 页。
② 丘濬：《大学衍义补》，京华出版社 1999 年版，第 227 页。
③ 丘濬：《大学衍义补》，京华出版社 1999 年版，第 146 页。
④ 丘濬：《大学衍义补》，京华出版社 1999 年版，第 201 页。
⑤ 丘濬：《大学衍义补》，京华出版社 1999 年版，第 262 页。
⑥ 丘濬：《大学衍义补》，京华出版社 1999 年版，第 242 页。

（四）朝廷理财应以"为民理财"为先

丘濬主张"为民理财"，但并不反对"为国理财"。不过，"为民理财"与"为国理财"二者之间的关系如何界定？这关系到人们对"为民理财"思想的理解与判断。丘濬对这一点看得很清楚："人君为治，莫要于治国用。而国之所以为用者，财也。财生于天，产于地，成于人。所以制其用者，君也。君制其用，虽以为国，实以为民。是故君不足则取之民，民不足则取之君。上下通融，交相为用，时敛散，通有无，盖以一人而制其用，非专用之以奉一人也。是以古之人君，知其为天守财也，为民聚财也。凡有所用度，非为天，非为民，决不敢轻有所费。其有所费也，必以为百神之享，必以为万民之安，不敢毫厘以为己私也。"① 换言之，丘濬的观点就是，"为国理财"与"为民理财"并不矛盾，"为民理财"是朝廷理财的目的。"为国理财"与"为民理财"之间是"上下通融，交相为用"的关系，"国财"源于"民财"，在富民的基础上富国。所以，丘濬就此二者关系作了进一步论述："治国者，不能不取于民，亦不可过取于民。不取乎民，则难乎其为国；过取乎民，则难乎其为民。是以善于制治保邦者，必立经常之法，以为养民足国之定制。"② 丘濬坚决反对政府盘剥民众的行径，对朝廷暴敛于民的现象予以批评和否定。他指出：人君"为民而理，理民之财尔。岂后世敛民之食用者，以贮于官而为君用度者哉？"③又："天生物以养人，付利权于人君，俾权其轻重，以便利天下之人，非用之以为一人之私奉也。人君不能权其轻重，致货物之偏废，固已失上天付界之意矣。"④ 总之，丘濬强调，国富的前提是民富，所以，朝廷不能与民争利，而是"必先理民之财，而为国理财者次之"⑤。

（五）"为民理财"的主要途径是"制民之产"

丘濬认为，"为民理财"最要紧的事是"制民之产"。因为"人生天地间，有身则必衣，有口则必食，有父母妻子则必养。既有此身，则必有所职之事，

① 丘濬：《大学衍义补》，京华出版社1999年版，第207－208页。
② 丘濬：《大学衍义补》，京华出版社1999年版，第219页。
③ 丘濬：《大学衍义补》，京华出版社1999年版，第197页。
④ 丘濬：《大学衍义补》，京华出版社1999年版，第259页。
⑤ 丘濬：《大学衍义补》，京华出版社1999年版，第197页。

然后可以具衣食之资，而相生相养以为人也。是故一人有一人之职，一人失其职，则一事缺其用。非特其人无以为生，而他人亦无以相资以为生"①。而朝廷"制民之产"，抑制土地兼并、保证耕者有其田最重要。为此，丘濬建议实施"配丁田法。既不夺民之所有，则有田者，惟恐子孙不多，而无匿丁不报者矣。不惟民有常产，而无甚贫甚富之不均，而官之差役，亦有验丁验粮之可据矣。行之数十年，官有限制，富者不复买田。兴废无常，而富室不无鬻产，田值日贱，而民产日均"②。同时，他提出要对农民进行农业技术指导，保护农民劳动果实："所谓理财者，制其田里，教之树艺，各有其有而不相侵夺，各用其用而无亏欠，则财得其理而聚焉。"③丘濬提出，政府要鼓励手工业发展与海外贸易等，并将其视之为"制民之产"的主要途径与措施。丘濬重视培育市场，强调民间商业活动也是有利于"民用"与"国用"的重要经济活动方式，有益无害。他指出："民之于食货，有此者无彼，盖以其所居，易其处，而所食所用者，不能以皆有。故当日中之时，致其人于一处，聚其货于一所，所致所聚之处，是即所谓市也。人各持其所有于市之中而相交易焉，以其所有，易其所无，各求得其所欲，而后退。则人无不足之用。民用具足，是国用有余也。"④丘濬还从"为民理财"目的出发，反对政府垄断和干预，主张商业贸易自由，将经济活动权交给社会、交给民众。他强调："大抵民自为市，则物之良恶，钱之多少，易以通融，准则取舍。官与民为市，物必以其良，价必有定数。又有私心诡计，百出其间，而欲行之有利而无弊，难矣。"⑤丘濬反对政府专卖政策，主张让利于民，指出："官不可与民为市，非但卖盐一事也。大抵立法以便民为本。苟民自便，何必官为？"⑥丘濬还对政府专卖垄断之举提出质问："天地生物以养人，君为之禁，使人不得擅其私，而公共之可也。乃立官以专之，严法以禁之，尽利以取之，固非天地生物之意，亦岂上天立君之意哉？"⑦

---

① 丘濬：《大学衍义补》，京华出版社 1999 年版，第 129 页。
② 丘濬：《大学衍义补》，京华出版社 1999 年版，第 134 页。
③ 丘濬：《大学衍义补》卷 1，京华出版社 1999 年版，第 2 页。
④ 丘濬：《大学衍义补》，京华出版社 1999 年版，第 237 页。
⑤ 丘濬：《大学衍义补》，京华出版社 1999 年版，第 241 页。
⑥ 丘濬：《大学衍义补》，京华出版社 1999 年版，第 263 页。
⑦ 丘濬：《大学衍义补》，京华出版社 1999 年版，第 263 页。

丘濬指出，爱财是人之本性，不可抹杀，而在于因势利导，借以成就"治平"之功："财者，人之所同欲也。土地所生，止有此数。不在上则在下，非但上之人好而欲取之，而下之人亦恶人之取之，而不欲与也。人心好利，无有纪极。"① 唯有"为民理财"，真正实现"养民"政治，才能有秩序，有治世。因此，丘濬旨在通过"为民理财"而再现"人人有以为生，物物足以资生，家家互以助生，老有养，幼有教，存有以为养，没有以为葬，天下之民莫不爱其生而重其死"② 的"先王之世"。

丘濬养民思想是明中期经济与社会生活近代化萌动在思想领域的一种反映，是传统儒学"治平"理念实学化的一次有益尝试，是时代需要的产物。丘濬养民思想要解决的一个根本问题，就是在社会经济商业化及"成化症候"的背景下，"天子""天职"与"天民"的政治责任问题。他指出："人君为天之子，代天以理民，不能自理，故分命其臣以理之。其所食之禄，天禄也。所莅之职，天职也。所治之民，天民也。天子不过承天意以予之耳。"③ 自此基础上，明确"立政以养民"的政治判断与责任担当，所谓"天立君以为民，民有常生之道，君能使之不失其常，则王政之本于是乎立矣。后世人主不知出此，而其所施之政，往往急于事功，详于法制，而于制民之产反略焉。是不知其本也。后世之治，所以往往不古若也，岂不以是欤"④。

丘濬不仅看到了儒家"内圣"与"外王"之间的联系性，也注意到南宋以来二者之间日益加大的距离。乡村贫困、城镇奢靡及民众浮躁情绪使得成化时期的明王朝危机重重，充满着许多不确定性。检视现实，不难发现，以"正心"为治政根本的理学倾向不仅无法直接有效匡济时艰，反倒成为"纵容"社会失范的一种机制；"以虚为基本，以静为门户，以四方上下、往古来今穿纽凑合为匡郭，以日用、常行、分殊为功用，以勿忘、勿助之间为体认之责，以未尝致力而应用不遗为实得"⑤ 的江门心学思潮尚处在追求个体自适人生的否

① 丘濬：《大学衍义补》，京华出版社 1999 年版，第 200 页。
② 丘濬：《大学衍义补》，京华出版社 1999 年版，第 130 页。
③ 丘濬：《大学衍义补》，京华出版社 1999 年版，第 217 页。
④ 丘濬：《大学衍义补》，京华出版社 1999 年版，第 131 页。
⑤ 黄宗羲：《明儒学案》，中华书局 1985 年版，第 79 页。

定之否定阶段，未曾于经世济民处用功。思想意识与现实社会需要的脱节，使成化时期的社会生活变得更加"恣意"。有鉴于此，丘濬藉以续补《大学衍义》之"治平"内容，在驳斥统治者"厉民以养己"行径的基础上，提出"为民理财"为核心内容的养民思想，旨在有效解决现实问题，探寻国家与社会出口。另一方面，不断加剧的农民贫困问题与城镇奢靡现象正在改变着明代的社会与生活，充分关注民生问题也是丘濬对现实经济生活的一种明朗态度，所以，"重实用"与"重民生"是丘濬养民思想的主要特征。

第五章　教育理念

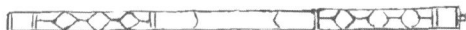

丘濬是明代一位杰出的政治家与思想家。丘濬好学、介慎、清廉之品格为时人所称颂。如明朝人黄瑜这样评价他："概其平生，不可及者三：自少至老，手不释卷，其好学一也；诗文满天下，绝不为中官（注：宦官）作，其介慎二也；历官四十载，俸禄所入，惟得指挥张淮一园而已，京师城东私第始终不易，其廉静三也。家积书万卷，与人谈古今名理，衮衮不休。为学以自得为本，以循礼为要。"①《明史》亦称丘濬为人"廉介，所居邸第极湫隘，四十年不易。性嗜学，既老，右目失明，犹披览不辍"②。丘濬在朝为官四十余年，心忧天下，积极探索经世良方。其中，他对教育问题也有深入的研究。丘濬的教育思想，学界尚未给予足够重视。下文，笔者略作论述，以就教于专家学者。

如本书前面所述，成化时期的明朝并非太平盛世，实则是一个充满苦难与变数的多事之秋，是一个深处剧烈动荡的时期，一个人心迷失的时代。成化时期的频繁灾荒加剧了原本生活贫困而备感迷茫的农民的躁动心理；城镇日渐奢靡的生活与及时享乐的风气亦催生市民的浮躁情绪；拜物教在整个社会中弥漫扩张。社会风气为之一变：节俭不再是为人所看重的美德，贫穷反倒成为令人嘲笑的事情；世人以追逐奢靡生活为时尚，金钱至上，享受第一。进而言之，成化时期，明初以来的传统价值观念和道德伦理规范渐已模糊，逐渐走样。民众生活无论是贫苦还是奢靡，都处于"非常态"下，而失去"规则"与"常态"的现实生活充满迷茫和变数，民众自觉或不自觉地游离于原有的"规矩"

---

① 黄瑜：《双槐岁钞》，中华书局1999年版，第221页。时人焦竑亦有相似记载，见焦竑：《玉堂丛语》，中华书局1981年版，第227页。

② 张廷玉等：《明史》，中华书局1974年版，第4810页。

和"框框"边缘，实则在否定传统、否定社会及否定自我中寻找着传统、寻找着社会、寻找着自我，最终受制于"早期商业化"社会的不成熟的事实而陷于思想混乱、无所适从，茫然自失的状态。凡此种种，晚明因之成为一个人心迷失的畸形商业化时代。社会与"人心"剧变，一些有担当的士大夫积极探求解决方案。

第一节　陈献章"心学"救时

对于成化时期的大明君臣来说，如何收拾人心？如何治贫戒奢？这关系到王朝命运。是时，一些士大夫也提出了相关整治方案。如成化初，"京师淫风顿盛，居丧之家张筵饮宴，歌唱戏剧，殊乖礼法。给事中丘弘言欲将奸妇枷号示众，禁约居丧者不许非礼宴乐"①。显然，即便将"奸妇"示众也不能有效制止"淫风"。而作为学者的陈献章则提倡心学，意欲从拜物教恣意的时代及商业化蠢动的社会找回渐已迷失的人的主体精神与精神自我。事实上，这种拟通过强化主观唯心主义以求得肯定"自我"进而规范世道人心之举并非救时良方。丘濬认为，朝廷当以"民心"为"心"才能收拾民心："民心莫不有所欲，亦莫不有所恶。于所欲者，则趋之；于所恶者，则避之。人君知民之所欲者在仁，则施仁之政以来之。所恶者在不仁，则凡不仁之政，一切不施焉。去其不仁而所施者无非仁，而有以得民之心。"② 所以，与丘弘及陈献章等人"救法"不同，丘濬以民本思想为统领，从政治、经济与教育等诸方面提出了一揽子的救时主张。其中，以"养民"为目的的教育救时理念则具有些许时代内涵与人文色彩。籍贯同为明代广东布政司的丘濬与陈献章的救时方略不同，恰恰说明，当时士大夫面对传统社会抽绎近代化而伴生的色彩斑斓的社会经济生活现实的应对方式途径有别，故而提出了不同的救时策略，也是那个时代的必然。本书谨对陈献章及其心学略作论述，以资比较。

---

① 《明宪宗实录》卷33，成化二年八月辛丑条。
② 丘濬：《大学衍义补》，京华出版社1999年版，第121页。

一、陈献章的"天民"人生

陈献章（1428—1500），字公甫，广东新会白沙里人，明代心学宗师，世称白沙先生。《明史》称："明初诸儒，皆朱子门人支流余裔，师承有自，矩矱秩然。曹端、胡居仁笃践履，谨绳墨，守儒先之正传，无敢改错。学术之分，则自陈献章、王守仁始。"① 明清之际，思想家黄宗羲亦推崇陈献章，称其为先生："有明儒者，不失其矩矱者，亦多有之；而作圣之功，至先生而始明，至文成而始大。"② 毋庸置疑，陈献章开启明代心学，是宋明理学发展史上一个转变学术方向的重要人物；黄宗羲所言"作圣之功"，实则精准概括了陈献章作为"一代天民"之人生追求及其道德境界。

论及世间人物，孟子曾道："有事君人者，事是君则为容悦者也；有安社稷臣者，以安社稷为悦者也；有天民者，达可行于天下，而后行之者也；有大人者，正己而物正者也。"（《孟子·尽心上》）孟子以后，"事君人者""安社稷臣者""天民者"及"大人者"等分别成为读书人实现自我价值之人生目标。饱读诗书、深谙儒学经义的陈献章也曾思考着自己的理想人生。史称："（陈）献章自幼颖悟，一日读《孟子》'有天民者，达可行于天下，而后行之'，慨然叹曰：'大丈夫行己当如是。'"③ 所谓"天民"，系指替天行道者，顺应天理之人，其以传道为毕生事业，达则以道治天下，穷则以道济苍生，如伊尹、吕尚等不世出之人物。综观陈献章一生所为，不难发现，他有着强烈的"天民"情结，并演绎了完美的"天民"人生，堪称"一代天民"。

（一）以悟道为人生追求，以传道为毕生事业

有明一代，士人之所以读书，大多为了高官厚禄，如陈献章一样毕生致力于传道者，可谓凤毛麟角。陈献章早年亦曾辗转于科场，中了举人。其后，科场失意，他重新思考人生，始致力于"作圣之功"，视悟道、传道为理想之人生。陈献章自述："予少无师友，学不得其方，汨没于声利，支离于秕糠者，盖久之。"年二十七，"始尽弃举子业"④，转而问学理学家吴与弼（1391—

① 张廷玉等：《明史》，中华书局1974年版，第7222页。
② 陈献章：《陈献章集》，中华书局1987年版，第866页。
③ 陈献章：《陈献章集》，中华书局1987年版，第886页。
④ 陈献章：《陈献章集》，中华书局1987年版，第34页。

1469）。陈献章曾追忆道，是时"其于古圣先贤垂训之书，盖无所不讲，然未知入处。比归白沙，杜门不出，专求所以用力之方。既无师友指引，惟日靠书册寻之，忘寝忘食，如是者亦累年，而卒未得焉。所谓未得，谓吾此心与此理未有凑泊吻合处也。于是舍彼之繁，求吾之约，惟在静坐，久之，然后见吾此心之体隐然呈露，常若有物。日用间种种应酬，随吾所欲，如马之卸勒也。体认物理，稽诸圣训，各有头绪来历，如水之有源委也。于是焕然自信曰：'作圣之功，其在兹乎！'有学于仆者，辄教之静坐，盖以吾所经历粗有实效者告之，非务为高虚以误人也"①。陈献章悟道而得之，他有言："由斯道也，希贤亦贤，希圣亦圣，希天亦天。立吾诚以往，无不可也。此先王之所以为教也。舍是而训诂已焉，汉以来陋也。舍是而辞章已焉，隋唐以来又陋也。舍是而科第之文已焉，唐始滥觞，宋不能改，而波荡于元，至今又陋之余也。夫士何学？学以变化气习，求至乎圣人而后已也。"②

得道而传之，这是陈献章热衷之事业。传道中，有教无类，循循善诱。如陈献章弟子张诩在《白沙先生行状》中称："先生教人，随其资品高下，学力浅深，而造就之，循循善诱，其不悟者不强也。至于浮屠羽士、商农仆贱来谒者，先生悉倾意接之，有叩无不告，故天下被其化者甚众。"③ 概言之，一生以悟道、传道为事业，这是陈献章"天民"人生之主要内容之一。

（二）心存社稷，忠于朝廷，终身以道济苍生

陈献章绝非闲云野鹤之人，虽然身在边鄙，但心存社稷，体恤民情。明代岭南，灾害频发，民生多艰。陈献章对此有感于心，每以诗言志。在陈献章的诗文中，多流露出忧民、悯农之情怀。如他在《悯雨，寄黄叔仁》诗中写道："去年无雨榖不登，今年雨多种欲死。农夫十室九不炊，天道何为乃如此！自从西贼来充斥，一十九年罢供亿。科征不停差役多，岁岁江边民荷戈。旧债未填新债续，里中今有逃亡屋。安能为汝上诉天，五风十雨无凶年。"④ 处江湖之远而忧其君，陈献章是一位忠于朝廷的读书人。他关注时政，心系朝廷。如弘

---

① 陈献章：《陈献章集》，中华书局 1987 年版，第 145 页。
② 陈献章：《陈献章集》，中华书局 1987 年版，第 28 页。
③ 陈献章：《陈献章集》，中华书局 1987 年版，第 881 页。
④ 陈献章：《陈献章集》，中华书局 1987 年版，第 319 - 320 页。

治改元，陈献章念及故君，忧思无限，感慨不已。如他在诗中写道："六载虚叨供奉恩，白头吾亦两朝臣。闾阎击壤今弘治，简册编年又戊申。日色小薰秋李昼，风光欲醉乳莺春。庐冈此景谁分付，也到江门不属人。"① 言为心声。陈献章晚年身体每况愈下，念及君恩，多有感伤。弘治十三年，陈献章"殁之前数日，早具朝服朝冠，令子弟焚香北面五拜三叩首。曰：'吾辞吾君。'作诗曰：'讬仙终被谤，讬佛岂多修？弄艇沧溟月，闻歌碧玉楼。'"②

达则以道治天下，穷则以道济苍生，这是陈献章一生之担当。成化初，学者罗伦有言："白沙先生处南海者，廿余年矣。观天人之微，究圣贤之蕴，充道以富，尊德以贵。"③ 罗伦所言极是。陈献章为何用心于道？源于他对人性之认识，源于他对社会之期待。如陈献章在《禽兽说》中写道："人具七尺之躯，除了此心此理，便无可贵，浑是一包脓血裹一大块骨头。饥能食，渴能饮，能著衣服，能行淫欲。贫贱而思富贵，富贵而贪权势，忿而争，忧而悲，穷则滥，乐则淫。凡百所为，一信气血，老死而后已，则命之曰'禽兽'可也。"④所以，陈献章积极传道，教化民众，旨在化"禽兽"为"天民"。他曾如此表白："孟子见人便道性善，言必称尧舜，此以尧舜望人也。横渠见人便告以圣人之事，此以圣人望人也。吾意亦若是耳。窃附孟子、横渠之后，彼何人哉？予何人哉？有为者亦若是。"⑤ 另则，陈献章之所以倡导心学，非为自适，亦是济世之举。成化时期，社会商品经济活跃，拜物教盛行，人心多迷失于物欲。如陈献章称："孟子曰：'爱人者，人恒爱之；敬人者，人恒敬之。'今之爱人者，人恶之；敬人者，人辱之，与古不同，置之勿复道矣。"⑥ 所以，他倡导心学。盖因"今人溺于利禄之学深矣，必知此意，然后有进步处耳"⑦。

二、"天民"：陈献章救时之方

成化时期是一个在成熟的传统思想道德文化圈里滋生着反传统"异质"文

① 陈献章：《陈献章集》，中华书局1987年版，第437页。
② 陈献章：《陈献章集》，中华书局1987年版，第861页。
③ 陈献章：《陈献章集》，中华书局1987年版，第923页。
④ 陈献章：《陈献章集》，中华书局1987年版，第61页。
⑤ 陈献章：《陈献章集》，中华书局1987年版，第191页。
⑥ 陈献章：《陈献章集》，中华书局1987年版，第160页。
⑦ 陈献章：《陈献章集》，中华书局1987年版，第829页。

化的过渡时期，是一个"传统"与"时代"并存而彼此颉颃的特殊历史阶段，传统经济生活与社会秩序则陷于逐渐被否定之窘境。生活在这种窘境里的陈献章，反复思考，寻找着化解时代危机之良方，寻找着实现天下大治之路径。思之再三，他提出以道治世、培育"天民"之救时方略。在《与徐岭南》信中，他以其家乡新会县当时的社会问题为例，表达了他的这种想法："本县近年以来，盗贼日生，讼牒日繁，人情放滥，略无检束，风俗惟见日不如前矣，未闻有反复之机。于乎，安得贤守令识理乱之源者与语是耶？顷者，误蒙宠顾，衰病不出，无由进谢。自念老病山林，徒负虚名，无涓埃可以答一顾之辱，谨以是言进，惟阁下亮之。程子曰：'治天下以正风俗、得贤才为本。'秦汉以来，论天下之治者，必以复三代为至。三代之君何君也？其政教何政教也？苟欲复之，从何处下手耶？必如明道先生之言，是真能复三代手段也。而不见用于时，惜哉！伏惟大贤为政，务实而行，庶几能顺复人情，为国家树立长治久安之根本。"[1] 如何才能"正风俗"？如何才能"得贤才"？陈献章给出答案，即遵"道"、行"道"，以"道"治天下，以"道"育"天民"。如此，天下大治。在陈献章看来，道有神奇之功，"故得之者，天地与顺，日月与明，鬼神与福，万民与诚，百世与名，而无一物奸于其间"[2]。

　　"天民"是得道者，顺应天理之人。陈献章称："此理干涉至大，无内外，无终始，无一处不到，无一息不运。会此则天地我立，万化我出，而宇宙在我矣。得此霸柄入手，更有何事？往古来今，四方上下，都一齐穿纽，一齐收拾，随时随处，无不是这个充塞。色色信他本来，何用尔脚劳手攘？舞雩三三两两，正在勿忘勿助之间，曾点些儿活计，被孟子一口打并出来，便都是鸢飞鱼跃。若无孟子功夫，骤而语之，以曾点见趣，一似说梦。会得，虽尧舜事业，只如一点浮云过目，安事推乎？此理包罗上下，贯彻终始，滚作一片，都无分别，无尽藏故也。"[3] 为此，陈献章以"天民"相期许，从自身做起，悟道，传道，肖"天民"而勇于实践之。他有言："大人之去圣人也，远矣。其可望以至圣人者，亦在乎修之而已。苟能修之，无远不至。修之者云，治而去

①　陈献章：《陈献章集》，中华书局 1987 年版，第 148 页。
②　陈献章：《陈献章集》，中华书局 1987 年版，第 242 页。
③　陈献章：《陈献章集》，中华书局 1987 年版，第 217 页。

之之谓也。去其不如圣人者，求其如圣人者。今日修之，明日修之；修之于身，修之于家国，修之于天下，不可一日而不修焉者也。"① 陈献章还告诉门生："日用间随处体认天理，着此一鞭，何患不到古人佳处也。"② 《明史》亦称陈献章之学，"洒然独得，论者谓有鸢飞鱼跃之乐，而兰溪姜麟至以为'活孟子'"③。

三、陈献章身后之荣光

陈献章为人行事，填词作赋，无不尽显其"天民"气象。其在《湖山雅趣赋》自称："撤百氏之藩篱，启六经之关键。于焉优游，于焉收敛；灵台洞虚，一尘不染。浮华尽剥，真实乃见；鼓瑟鸣琴，一回一点。气蕴春风之和，心游太古之面。其自得之乐亦无涯也。"④ 再如其《示诸生》诗云："无我无人无古今，天机何处不堪寻！风霆示教皆吾性，汗马收功正此心。水火鼎中非玉液，鸳鸯谱里失金针。道人欲向诸君说，只恐诸君信未深。"⑤ 可以说，率性、自然、自得，正大，乐道，这是陈献章为人处世之准则，也是其"天民"人生之真谛。如成化年间，广东左布政使彭韶称陈献章"心术正大，识见高明，涵养有素，德性坚定，立志愿学于古人，荣辱不足以介意"⑥。成化以来，陈献章之"形象"逐渐高大。《四库全书总目》称其："盖以高明绝异之姿，而又加以静悟之力，如宗门老衲，空诸障翳，心境虚明，随处圆通，辩才无碍。有时俚词鄙语冲口而谈，有时妙义微言应机而发。其见于文章者，亦仍如其学问而已。虽未可谓之正宗，要未可谓非豪杰之士也。"⑦ 当然，陈献章形象逐渐高大的原动力是其在明代心学发展中不可取代的学术地位与重要贡献。毋庸置疑，陈献章天民人生及其所创立的"江门之学"为明中期越发僵化的程朱理学及程朱理学桎梏下越发死寂的明中期社会增添了生命活力、为麻木的生命个体注入了自

---

① 陈献章：《陈献章集》，中华书局 1987 年版，第 32 页。
② 陈献章：《陈献章集》，中华书局 1987 年版，第 193 页。
③ 张廷玉等：《明史》，中华书局 1974 年版，第 7262 页。
④ 陈献章：《陈献章集》，中华书局 1987 年版，第 275 页。
⑤ 陈献章：《陈献章集》，中华书局 1987 年版，第 494 页。
⑥ 陈献章：《陈献章集》，中华书局 1987 年版，第 886 页。
⑦ 陈献章：《陈献章集》，中华书局 1987 年版，第 918－919 页。

我意识——这个贡献是不可忽视的。

值得注意的是，陈献章形象逐渐高大与其门徒对其刻意神化也不无关系。如陈献章弟子张诩称："先是，有望气者言：'黄云紫水之间当有异人生。'黄云紫水者，新会之山川也。又有占象者言：'中星见浙闽，分视古河洛。百粤为邹鲁，符昔贤所说。'及先生生身长八尺，目光如星，左脸有七黑子如北斗状，音吐清圆，大类中州产，尝戴方山巾，逍遥林下，望之若神仙中人。"① 再如陈献章衣钵主要传人——湛若水则以传播业师思想为主要事业，陈门其他弟子均通过不同方式积极塑造业师的圣人气质与"天民"形象。

黄宗羲私淑陈献章，对其推崇备至。明末，因抗清失败而绝食殉明的大儒刘宗周为阳明心学传人，黄宗羲师承刘宗周，久为心学浸润。宗周已殉明，因抗清失败而"潜伏"下来的黄宗羲则忍辱负重，以为师门续香火为己任、为故国传学术为使命，先撰《蕺山学案》既而撰成《明儒学案》。为表彰业师刘宗周为学宗旨，黄宗羲故而推崇心学。他为"尊刘（宗周）"而"尊王（阳明）"，为"尊王（阳明）"而"尊陈（献章）"。要言之，陈献章"天民"实践及其心学成就，无疑是对成化以来晦盲否塞、漠视现实与民生之主流政治文化的当头棒喝，是对那些死读程朱理学、心存程朱而失去自我、盲信程朱无视现实、侈谈程朱而漠视民生之士大夫及其学风迎头痛击。无疑，时人透过陈献章"天民"生活及其形象，或多或少发现作为个体生命的人的独立性及人生存之意义感、尊严感和荣耀感。事实上，这种自我意识之觉醒以及对人生与社会重新思考之努力，其意义是不可估量的。

第二节 "养民"与丘濬教育救时思想

与陈献章"心学"救时不同，丘濬更注重对朝廷进行复古更化，将儒家传统养民思想灌注进制度建设当中。作为丘濬救时思想与方略的养民思想，其内涵宏富，体系完备。而其教育救时思想极具时代特征，值得专门研究。

---

① 陈献章：《陈献章集》，中华书局 1987 年版，第 868 页。

一、丘濬的教育养民思想

教育的目的是什么？这是教育思想研究者必须回答的一个重要问题。丘濬以"成化症候"为思考背景，也对这个问题进行了思考与探究。通常认为，中国古代的教育，无论是三代时期的贵族教育，还是两汉三国魏晋南北朝时期的经学教育，主要是统治集团培养官僚，是为了政治目的。至于平头百姓的教化，政府所要解决的，是伦理纲常的普及，终是为了社会秩序的建构与稳定。也就是说，古代中国的教育教化目的，出发点不是提升人的素养，而是培养政治工具和政治化的个体。丘濬对教育有自己的理解和认识，当然，这种理解和认识是在发微儒家元典基础上的时代表达。具体说来，丘濬认为，教育的目的是养民。

（一）养民：教育的出发点和归宿

养民思想与教育行为之间是什么关系？或者说，教育的目的是什么？是否为了养"性"养"心"？丘濬认为："宋之时，道学大明，其末流之弊，乃有假之说以济其私，一切不事事。上之人从而信之，遂至于议论多而成功少，虚文胜而实效微。"① 即"道学末流"不切实际的说教于民生无补。所以，丘濬遵循民本主义，参酌儒家元典而检视现实教育症结，对明初理学家吴与弼等人的教育"复性"说、"学为圣贤"说等拘泥于心性的教育观予以修正而提出教育养民理念。

"《易》临之大象曰：泽上有地，临。君子以教思无穷，容保民无疆。"② 丘濬据以发微："临之为卦，有上临下之象。上之临下，果何所事哉？曰保之。将欲保之，以何为先？曰教之。"凡此，使民众"有相生相长之乐，无此疆彼界之殊矣"③。换言之，《易经》之"教育"，目的是保养万民；除释《易》外，丘濬还以"圣帝明王"立教养民"事实"佐证教育目的"养民说"："自古圣帝明王，知天为民而立君也，必奉天以养民。凡其所以修德以为政，立政以为治，孜孜焉，一以养民为务。诚以一物不修，则民失一物之用；一物失其用，则民所以养生之具，缺其一也。是故修水之政以疏凿；修火之政以钻灼；修金

---

① 丘濬：《大学衍义补》，京华出版社 1999 年版，第 670 页。
② 丘濬：《大学衍义补》，京华出版社 1999 年版，第 570 页。
③ 丘濬：《大学衍义补》，京华出版社 1999 年版，第 570 页。

木之政以锻铸、刻削；修土谷之政以耕垦播种。使民于日用之间得以为生养之具。然犹未已，又必设学校，明伦理，以正其德；作什器，通货财，以利其用；足衣食、备盖藏，以厚其生。何者而非养民之政哉？"①

按丘濬所论，"养民"是行王道、挽救统治危机、收拾人心的根本方略；教育的目的在于"养民"，重视与加强教育便是养民之举，亦是化解社会危机、有益民生之重要途径。所以，反观当世，丘濬认为："自成周之学政不传，后世所以教人者，不过章句训诂而已。作无益之文，习非礼之礼，人才日卑，风俗日下。"② 甚者"惟以簿书财赋为急，未闻有及教化者矣，虽有其言，亦无其实"。③ 也就是说，"后世"之"教育"不仅未能"养民"，甚至"未闻有及教化者矣"，所以造成"人才日卑，风俗日下"。因此，惟有实施养民之教育，才能匡救"乱世"，才能国泰民安。丘濬指出："明君在上，知教化为治道之急务，则必设学校，明礼义，立条教，以晓谕而导之，使之皆囿于道义之中，而为淳厚之俗。而又必择守令之人，布吾之政教，叮咛告诫，使其知朝廷意向所在。而其为政必以教化为先，变不美之俗以为美，化不良之人以为良，使人人皆善良，家家皆和顺。"④

丘濬的教育养民思想还包含着一定的时代讯息与人文意蕴。从民生角度而言，丘濬强调物质财富的重要性，强调经济是教育的基础。他认为，"财"是人作为"人"的基本前提，也是社会稳定有序的基础。即"人之所以为人，资财而生，不可一日无焉者也。所谓财者，谷与货而已。谷所以资民食，货所以资民用。有食有用，则民有以为生养之具，而聚居托处以相安矣"。⑤ 且"有田有宅，斯有生生之具。所谓生生之具，稼穑、树艺、牧畜三者而已。三者既具，则有衣食之资，用度之费，仰事俯育之不缺，礼节患难之有备。由是而给公家之征求，应公家之徭役，皆有其恒矣。礼义于是乎生，教化于是乎行，风俗于是乎美"。⑥ 换言之，"生生之具"是教育施行的前提与基础。所以，教化

---

① 丘濬：《大学衍义补》卷1，京华出版社1999年版，第5页。
② 丘濬：《大学衍义补》，京华出版社1999年版，第587页。
③ 丘濬：《大学衍义补》，京华出版社1999年版，第703页。
④ 丘濬：《大学衍义补》，京华出版社1999年版，第707页。
⑤ 丘濬：《大学衍义补》，京华出版社1999年版，第197页。
⑥ 丘濬：《大学衍义补》，京华出版社1999年版，第130页。

之实施，并非单纯的"谈心说性"等务虚之举，而要有物质的保障与支持。另则，丘濬承认"欲"的合理性，重新解释教育中"利"与"义"的关系。丘濬从"人皆好利"的人性论观点出发，对程朱理学的义利之辨予以驳斥，肯定了私利（包括物质利益）在教育实施和个人学习中的激励作用。朱熹认为，"古之太学，主于教人，而因以取士。故士来者，为义而不为利"，后世学校"虽或不异乎先王之时，然其师之所以教，弟子之所以学，则皆忘本逐末。怀利去义，而无复先王之意"。① 对此，丘濬予以反驳。他认为，学子求学，"固将以希禄食，干爵位，以为父母之养，乡里之荣，以行己之所志也。其心未尝无所利。苟无所利，孰肯去乡井，捐亲戚，以从事于客游哉？但在上之人，所以处置之何如耳"。② 毋庸置疑，丘濬对经济和教育关系的再认识与他对儒家原典研究之精深、对成化时期教育现状及商业经济发展状况的了解不无关系，也同他对人性较为深刻地揣度不无关系。丘濬的教育思想中亦包含着使民"尊君亲上"③ 及"天下咸囿于孝弟忠信礼义廉耻之中"④ 等阶级意愿，这也是时代的必然。但是，丘濬把教育目的定位为"养民"并予以诠释，实则突出了教育的人文色彩、民本内涵及经世致用旨趣。他辩证地论述了教育与民生之间的关系，并分析了经济（物质）对教育的决定作用。在那个传统氛围尚浓郁的时代，作为士大夫中的一员，丘濬能够依据现实需要而阐释教育养民说，这是难能可贵的。

二、"一道德"：丘濬教育救时之方

论及世风奢靡及民生贫困问题，丘濬认为："盖民之所以贫窭而流于邪淫，其原皆出于婚嫁丧祭之无其制。婚嫁丧祭，民生之不能无者，民间一遇婚嫁丧祭，富者倾赀以为观美，贫者质贷以相企效，流俗之相尚，邪说之眩惑，遂至破产而流于荒淫邪诞之域。"⑤ 所谓"无其制"，意指朝廷治贫戒奢之礼法规范缺失。这种缺失的根源是什么？丘濬指出："国国自为政，家家自为俗者，由

---

① 丘濬：《大学衍义补》，京华出版社1999年版，第601－602页。
② 丘濬：《大学衍义补》，京华出版社1999年版，第602页。
③ 丘濬：《大学衍义补》，京华出版社1999年版，第5573页。
④ 丘濬：《大学衍义补》，京华出版社1999年版，第580页。
⑤ 丘濬：《大学衍义补》，京华出版社1999年版，第702页。

道德之不一也。道德之所以不一者，由乎王道衰而礼义废，政教失也。"① 有鉴于此，丘濬提出"崇教化"救时方略。关于丘濬"崇教化"主张，其内容主要包括"设学校以立教""明道学以成教""本经术以为教""一道德以同俗""躬孝悌以敦化""崇师儒以重道""谨好尚以率民""广教化以变俗""严旌别以示劝""举赠谥以劝忠"等方面，② 目的是加强教育整合社会、养育子民的重要作用，藉以收拾民心、复兴"王道"。他称："人君之治，莫大于崇教化。"③ 如果"人人各是其所是，而不知其为非。此天下之俗所以纷纷不同也。圣人在上，则设为学校，建立师儒，本义理以为教条，著经书以为教法。必则古昔，必称先王，必明圣人之道，谆谆然，而播告之修；切切然，而申明其义。使天下之人咸知道出于天，而行于人；德本于道，而得于己。同一降衷之理，同一秉彝之天，敢有非吾之道而道其所道，非吾之德而德其所德，则政令之所以禁，刑罚之所必加也。如此，则营东邻西，越南冀北，地不同而皆同其天，人虽异而不异其行。风俗岂有异同者哉？"④ 另一方面，丘濬认为："治天下之道，莫大于正风俗；正风俗之要，莫切于一道德。"⑤ 综上，不难得出，"一道德"为丘濬教育救时之主要方略，二者都以"养民"为目的。

（一）治天下之道，莫大于正风俗；正风俗之要，莫切于一道德

民风关涉社稷安危，世人的道德及生活观并非小事。教育养民，化正民风亦是教育事业题中应有之义。如何去除"邪淫"之风？要通过"一道德"来实现。所谓"一道德"，就是规范和统一世人的道德标准和价值观念。概言之，丘濬"一道德"教育救时举措主要包含以下五个方面：

其一，丘濬明确以"圣贤之言"为"道德"标准以教化民众。成化时期，传统道德受到商品经济与商品意识冲击而零落，商品文化虽然起到瓦解传统文化的作用，但自身尚未成型，这是社会文化与道德标准相对混乱的时期。这一特殊阶段，以何种标准来"一道德"呢？或者说，如何维护混乱中的社会秩序？丘濬明确提出："一道德者，苟不质正于圣贤之言，何以知其所以然之故

---

① 丘濬：《大学衍义补》，京华出版社 1999 年版，第 665 页。
② 丘濬：《大学衍义补》，京华出版社 1999 年版，第 570 – 719 页。
③ 丘濬：《大学衍义补》，京华出版社 1999 年版，第 702 页。
④ 丘濬：《大学衍义补》，京华出版社 1999 年版，第 666 页。
⑤ 丘濬：《大学衍义补》，京华出版社 1999 年版，第 673 页。

与其所当然之则而施行之哉？"① 客观说来，即便今天，"圣人之言"还是对社会有一定的规范作用。在成化时期，在当时的历史条件下，从社会稳定及戒奢治贫策略可行性角度观之，"圣人之言"在整合社会秩序及规范民众生活方式、内容等层面有其社会基础。因此，丘濬提议："《朱氏家礼》一书，简易可行，乞敕有司，凡民间有冠婚丧祭，一以此礼以行，有不行者以违制论。其守令上计课，以教民行古礼为最，此无可书，虽有他最，亦不在升举之列。如此，则礼教行而民俗美，化民成俗之教，莫大于此。"②

其二，丘濬认为，朝廷与君主要以身作则，以上率下，"谨好尚以率民"。丘濬认为，尊崇礼法与戒奢从俭应该从君主与官员做起，因为"百姓从行不从言"。这不仅是一种态度，也是一种方法和路径，唯其如此，才能有利于移风易俗。"居人上者，诚能以正存心，以身率先天下，则近而群臣，远而万民，孰敢以不正哉！"③ 如果朝廷"苟徒责人而不责己，限疏而不限亲，禁远而不禁近，耳目所及者则若罔闻知，而于郡县之远，闾里之间，乃详为制度，严为之法，则亦虚费文移，徒挂墙壁而已，安能戢其泛泛之心、杜其呶呶之议，而革其靡靡之俗哉"④！

其三，丘濬认为"为民分理而使之均平"原则是成化时期"一道德"的重要前提。成化时期，商品经济活跃，商品意识增强，民间经济纠纷随之增多，民众财产矛盾也日益加剧。显然，经济纠纷容易激化社会矛盾、激发群体性事件，也冲击着人们的传统道德心理、传统价值标准及传统礼义观念，造成人们的价值观分歧与思想道德混乱，严重影响教化的有效实施。如何来解决这个问题？丘濬认为，政府要加强民间经济纠纷管理与调控，增强化解经济纠纷的能力，唯其如此才是出路。他指出："教化之所以不行者，以利心胜而义心微也。民间之讼多起于财产，兄弟以之而相阋，骨肉以之而相残，皆自此始也。为守令者，苟能为民分理而使之均平，则词讼不兴，人和而俗厚矣，教化其有不行也哉！"⑤ 无疑，这是丘濬在考虑到经济问题对教育效果与手段重要影

---

① 丘濬：《大学衍义补》，京华出版社 1999 年版，第 669 页。
② 丘濬：《大学衍义补》，京华出版社 1999 年版，第 702 页。
③ 丘濬：《大学衍义补》，京华出版社 1999 年版，第 694 页。
④ 丘濬：《大学衍义补》，京华出版社 1999 年版，第 697 页。
⑤ 丘濬：《大学衍义补》，京华出版社 1999 年版，第 703 页。

响的基础上而做出的正确判断。

其四，丘濬提出了"浸润"式教育方法。丘濬反对强迫性的"一刀切式"教育，反对教育上的急功近利与形式化。他主张"浸润"式教育，循序渐进以化万民："教之之道，驱迫之不可也；操切之不可也；徒事乎法，不可也；必刻以期，不可也。必也，匡之直之，辅之翼之，优而游之，使自休之，厌而饫之，使自趋之。如江河之润，如湖海之浸，是之谓教思焉。"① 为了强调"浸润"式教育的必要性，丘濬称："先王之世，其立教以化人也，极其情文之备，尽其恩义之详。其有教而不化也，养之以久，待之以宽，亲临而观感之，责己以竦动之。其不轻以绝人也如此，非至于甚不得已，而不齿焉。此先王之世，所以无弃人，而人亦不轻自弃也欤。"②

其五，丘濬主张教育要有针对性，因人因俗而异而教。"有教无类"是从受教育者享有受教育资格的公平性而言，即主张人人（主要是平民）享有受教育的机会，打破贵族垄断教育的局面。教育要有针对性，主要是教育方法与方式选择要因人而异，因风俗不同而实施不同的教育策略问题。丘濬生活的年代，"有教无类"已不是问题。问题是教育方式方法缺少针对性与有效性。所以，丘濬称："盖四方之俗不同，而各有所偏尚。因其所偏，约而归之于正，则四方之俗皆得其中，而无过不及也。此三代圣王所以必省方而观民，观民而设教也欤。后世巡守之礼不行，采诗之官不设，朝廷施之以一切之政，不复因其民而观之。吁，物之不齐，物之情也；俗之不一，俗之习也。约其太过，勉其所不及，使之一归于礼而不偏。"③ 为此，丘濬认为教育要注意方法，即"为教之道，不过即人身心之所有者，而训诲引导之云耳"④，而"人君欲广其教于天下，不假强为，在识其善念端倪之初处，动其机以发之，从此推广去耳"⑤。所谓"人身心之所有者"及"善念端倪之初处"，一则系指孟子所言人心所具有的"四端"（即恻隐之心、是非之心、羞恶之心、辞让之心），另则包括个人的经历经验和认知水平，也就是找准教育的突破口，实现教育有效

① 丘濬：《大学衍义补》，京华出版社1999年版，第570页。
② 丘濬：《大学衍义补》，京华出版社1999年版，第589页。
③ 丘濬：《大学衍义补》，京华出版社1999年版，第571页。
④ 丘濬：《大学衍义补》，京华出版社1999年版，第574页。
⑤ 丘濬：《大学衍义补》，京华出版社1999年版，第578页。

性。同时，丘濬认为，朝廷必须充分认识到民风民俗给教育提出的新问题，即"广谷大川异制，民生其间异俗"，且"民禀天地之性以生，无不同也。然其所居之地，水陆川谷之土俗各异；所秉之气，刚柔迟速之剂量各殊"。如何进行教育呢？丘濬强调要真正做到因俗而教："先王修其教，齐其政，固欲复其天地本然之性，而归之同也。然土俗处处别，气禀人人殊，则有未易变易然者。苟不至于反常而逆理，则亦不强之使同焉。"①

（二）修学校之政，俾其掌天下之风化，教天下之人才，考正经典，讲明义理，以一人心之趋向，期于道德之一

成化初，礼部尚书姚夔抱怨："近年以来，师道不立，教法不行，学者因循苟且，不知用力于身心性命之学，惟务口耳文字之习。"② 丘濬曾担任国子监祭酒和乡试、会试主考，他对教育弊病也有着清醒认识。丘濬认为，"先王之世"，学校注重学生全面发展，"后世设学，乃颛颛以为教读学生之所，其于读书作课之外，一无所事，虽谓之名存实亡，不为过矣"③。那么，学校的真正目的与功能何在？丘濬指出："本儒以设教，立师以明道，会友以讲学，所以系邦国者在是，所以安万民者在是。毋图视为虚文，苟应故事，以为不急之务。"④ 若"道德不一，则人执私见，家为异说。各道其所道，德其所德，不相统一矣。必欲道德之一，而咸为中正之归，则又在师道之立焉。立师道以修学校之政，俾其掌天下之风化，教天下之人才，考正经典，讲明义理，以一人心之趋向，期于道德之一，风俗之同而后已"⑤。换言之，丘濬认为，学校为教化民众的主要职能部门及具体组织与实施机构，政治与社会责任重大；学校的目的与功能在于培养人才藉以"一道德""同风俗"，规范政治从而实现治世以养育万民。如丘濬认为："凡夫学校所以诱掖激励，渐摩成就之道，节目次第，门分条具，以为一代教养之法。既行之太学，又颁之天下。如此，则施教者有成效，受教者有成德。而推其所得以为教者，皆有成法，而用之无穷矣。要必就其所教多士之中，差其果于行事者，用以厘百司之务。择其深于道义

---

① 丘濬：《大学衍义补》，京华出版社 1999 年版，第 577 页。
② 《明宪宗实录》卷 40，成化三年三月甲申条。
③ 丘濬：《大学衍义补》，京华出版社 1999 年版，第 584 页。
④ 丘濬：《大学衍义补》，京华出版社 1999 年版，第 584 页。
⑤ 丘濬：《大学衍义补》，京华出版社 1999 年版，第 673 页。

者，留以为太学之师。散其明于经训者，分以长州县之教。而州县受教之士，又以其所受于教者之教，以卒业于太学，以分任于有司，以推教与他人。彼此承传，后先授受。同此诗书之习，同此道德之归。朝廷之政教，此道此德也；官府之禁令，此道此德也；百司之职业，此道此德也；学校之功课，此道此德也。道德既一，风俗自同。立德者，不索隐以行怪；行事者，不谋利以计功；为学者，不驾虚而翼伪；修辞者，不厌常而喜新；居官者，不党同而伐异。浑浑乎和平温厚之天；坦坦乎大中至正之域。世道至此，虽唐虞三代，不是过也。"①

　　为实现学校"一道德"、育万民之目的及其功能，学校教什么、怎么教则事关教育成败。因此，在教学方法上，丘濬提出了自己的看法："师之为教，止于大纲。若夫切磋琢磨，熏陶渐染，而朋友有讲习之益，观感之化，尤其多焉。"② 换言之，丘濬反对"填鸭式"的一言堂说教，主张教师要少讲精讲，要重视学生之间、师生之间的研讨交流，要引导学生积极思考。在教育内容上，丘濬认为："近年以来，典文者设心欲窘举子，以所不知用显己能。其初场出经书题，往往深求隐僻，强截句读，破碎经文，于所不当连而连，不当断而断，遂使学者无所据依。施功于所不必施之地。顾其纲领体要处，反忽略焉。以此初场题目，数倍于前，学者竭精神，穷目力，有所不能给。故于策场，所谓古今制度，前代治迹，当世要务，有不暇致力焉者。甚至登名前列者，亦或有不知史册名目，朝代前后，字书偏旁者，可叹也已。"③ 为此，丘濬以"先王之世"教育内容为依托，特别重视学生礼乐等素质培养（即"陶冶"）。如丘濬认为，"三代"时期尤其重视礼乐教育，这是培养国器、教化民众的重要内容与途径。即"三代"之"所以教之者，在因其资质而辅翼防范之，使皆适其中而无或偏焉。然化之以其形，不若化之以其声，于是专命典乐之官，以司教导之任。盖兴起之于比兴赋咏之间，调和之于声音节奏之外，血脉于是乎动荡，精神于是乎流通，邪秽于是乎荡涤，渣滓于是乎消融。真积力久，自然和顺于道德，有莫知其所以然者矣。向也，气质之美者，于是而益

---

① 丘濬：《大学衍义补》，京华出版社1999年版，第673页。
② 丘濬：《大学衍义补》，京华出版社1999年版，第594页。
③ 丘濬：《大学衍义补》，京华出版社1999年版，第80页。

美；偏者，于是而不偏……后世不复知此意，学校之设，其知以礼为教也，固鲜矣，况乐乎？方其受教之初也，不知礼乐为何物，及其临用之际，一视礼乐为虚文，而欲人才之复古、治道之隆盛，难矣"①。所以，丘濬尤其强调学校要加强音乐教育，发挥音乐在学生素质养成中的独特功能，这也是丘濬的重要的教育思想。

学校教育，教师素质关系甚大。成化时期，教师队伍却良莠不齐，整体素质不高。如成化元年，巡抚湖广左佥都御史王俭称："近年学官之选往往以岁贡监生充之。此辈既无学识，安能教人？"②事实上，这一时期，教师地位低下，待遇不高，不被尊重，这也是当时优秀人才不愿从教的主要原因。如成化元年，国子监助教李伸上疏："今天下学官皆朝廷设立，以敷教育才者也。而各处宪臣巡历者多不尊宪纲，惟恃威势，往往非礼折辱之。非朝廷右文之意。"③丘濬则认为，重视教育，首先要重视教师。"近世师儒之职日轻，公卿藩臬，略不加之以礼。而乙科举人，多不屑就，乃取岁贡之士为之，徒取充位而已。所谓教法者，荡然矣。臣窃以为，国家要务，莫急于储贤。储贤必先于教养。所以代君以施教养者，师儒之职也。其任若轻而实重。"④为此，他提出朝廷要加强教师遴选，优化教师队伍，提高教师待遇，才能保证人才质量。

丘濬的教育理念是以儒家传统教育思想为理论基础，以明中叶经济社会生活变化为思考背景，以当时教育中存在的主要问题为思考对象，强调了教育养民和救时内涵。它是成化时期特殊的历史条件使然，是时代的产物。当然，作为时代的产物，受时代影响，丘濬教育思想的局限性亦难免。但是，丘濬的教育养民理念旨在解决现实问题，这也为明代教育思想发展开拓出一个有意义的出口。毕竟，从学术层面分析，丘濬的教育救时理念恰好同明中期社会再发展的理论需要相吻合，是为丘濬的教育贡献。

然而，丘濬的教育救时理念终是止于"理念"，时代及时势未给他实践机会。成化以来，明朝政治日趋腐败，传统社会生活范式遭到社会经济商业化冲

① 丘濬：《大学衍义补》，京华出版社1999年版，第582页。
② 《明宪宗实录》卷14，成化元年二月己卯条。
③ 《明宪宗实录》卷13，成化元年正月壬子条。
④ 丘濬：《大学衍义补》，京华出版社1999年版，第598页。

击，这种变局也在酝酿着更为深远的文化危机，这正是一些士人心忧之事。作为一位传统士大夫，丘濬"幼有志用世，于凡古今典章政务无不留心"。[①] 然而，自入翰林院以来，"首尾二十余年，四转官阶，不离乎言语文字之职，凡昔所欲资以为世用者，一切寓之于空言无用之地"。[②] 丘濬有经世济民之志不而得施展，却不能忘情于政治，丘濬唯有在古籍中寻找着自己的政治生命与时代担当。于是，他积十年之功撰写《大学衍义补》，而进呈明孝宗，以兹资治。如丘濬称："盖臣所进之书，非臣创为之制，乃补宋儒真德秀所衍《大学》未尽之意也。鉴鉴乎皆古人已行之实事，在今日似亦有可行者。非若郑康成之训经义泛滥无益也，非是王安石之假经言变乱纷更也。其中所载，虽皆前代之事，而于今日急先切要之务尤加意焉。"[③]

作为一介书生，丘濬经世的热情又表现为政治上的单纯与执着。他发现现实民生问题的严重性，也关注传统社会危机发展桩体，于是他"托古改制"，把古籍中的"先王之世"说辞与他的"理想社会"化为现实政治生活目标与动力，以致丘濬以民本思想为统领，提出诸多与时代及社会并进的改造社会的主张，并界定人君政治职责。如丘濬认为："曰庶，曰富，曰教，三者自尧舜以来，为治之大节目，大纲领也。盖天生斯民，而立一人以为之司牧，付之以富庶教之三事，人君承上天之付托，为万民之父母，必当尽治教养之三事。养之以至于繁庶，治之以至于富足，教之以至于仁厚，则尽乎父母斯民之责，而无负乎上天付托之重矣。苟为不然，而惟知以天下而奉己，适乎己而不恤乎人，生齿日至于衰耗，田里日至于贫窘，民俗日至于靡荡，如是非但民不安其生，而濬亦不能安其位矣。就三者之中论之，庶富者，君之事也；教者，师之事也。三代以来，尽君道者，间或有之；兼尽师之道者，盖亦鲜矣。"[④] 这也是一个充满政治理想的"读书人"对现实社会的刺激—反应模式。然而，现实毕竟不是"理想"。丘濬"不合时宜"的政治理念与社会期待遭到"符合时宜"之人物的讥讽与排斥，更甚至被人视为"学博貌古，然心术不可知"的阴险狡

---

① 丘濬：《重编琼台稿》，上海古籍出版社 1991 年版，第 128 页。
② 丘濬：《重编琼台稿》，上海古籍出版社 1991 年版，第 383 页。
③ 丘濬：《重编琼台稿》，上海古籍出版社 1991 年版，第 133 页。
④ 丘濬：《大学衍义补》，京华出版社 1999 年版，第 578 – 579 页。

诈之徒。① 时人何乔远则称："丘濬立朝有险诐之名，读书宿儒岂宜尔？若迁与亢，疑之有矣。"② 为此，丘濬曾感叹："方年少气锐之时，意欲奋发有为。今则阅世久而历事多，始知天下之事思之非不烂熟，但恐做时不似说时，人心不似我心。"③ 直到古稀之年，他才得以进升为文渊阁大学士以典机务。然而，此时的丘濬体衰多病，无能为也，如其自陈："今幸不为圣明所弃，正臣竭诚尽力摅平生所学以死报国之秋也。顾乃屡行奏章以辞宠命，夫岂其本心哉？盖时不待人，死期将近，虽欲陈列就力，不能也已。是以捧读手敕，感激之极不觉泪零。既而自恨自叹儒生薄命，一至于此，上负圣恩，下孤素志，兴言及此，中心惘然。伏望皇上察臣由衷之辞，实非虚伪之让，悯其老病，赐以生还。"④

① 陈洪谟：《治世余闻》，中华书局 1985 年版，第 39 页。
② 谈迁：《国榷》，中华书局 1958 年版，第 2670 页。
③ 丘濬：《重编琼台稿》，上海古籍出版社 1991 年版，第 129 页。
④ 丘濬：《重编琼台稿》，上海古籍出版社 1991 年版，第 128 页。

第六章　救灾方略与生态思想

明代是中国从古代社会向近代社会转型的躁动期，以经济社会生活商品化为显著特征，其变化大致肇端于成化、弘治年间。诚如历史学家李洵先生所言："中国封建社会开始发生新的也是重大的变化大约在 15 世纪中叶以后。这个变化是伴随着明王朝的衰弱开始的。"① 社会转型的躁动，导致灾荒频发，社会失范现象增多，灾民、流民数目庞大，这些问题一并袭来。丘濬作为一位务实的思想家和胸怀经世抱负的官员，面对着社会变迁和时势转变，他从传统儒家经世致用的思想出发，考证古今，剖析时事，关注并研究社会现实问题，在政治、经济、军事、民族等方面都提出了颇有见地的主张。其中，丘濬认为，无论是救灾救荒还是治国理政，若想成功，"立政以养民"是根本前提与决定性因素。所以，丘濬的救灾方略与救时理念是互动的，也是一体的，都是以"成化症候"为背景的经世思想。

第一节　成化时期的灾荒

历史学家邓拓统计，明代"灾害之多，竟达一千零十一次，这是前所未有的记录。计当时灾害最多的是水灾，共一百九十六次；次为旱灾，共一百七十四次；又次为地震，共一百五十六次；再次为雹灾，共一百一十二次；更次为风灾，共九十七次；复次为蝗灾，共九十四次。此外歉饥有九十三次；疫灾有六十四次；霜雪之灾有十六次。当时各种灾害的发生，同时交织，表现为极复

---

① 李洵：《正统皇帝大传》，辽宁教育出版社 1993 年版，第 3 页。

杂的状态"。^① 而据陈高傭统计，明代灾荒共计1 224次。其中，水灾496次，旱灾434次，其他灾害计294次。^② 鞠明库则据《明实录》《明史》《古今图书集成》等文献资料相关记录统计得出："明代共发生自然灾害5 614次，即使扣除统计中存在的重复部分，其绝对数字也是非常大的，远远超过以往学者统计的数字，称'旷古未有之记录'实不为过。在主要的自然灾害中，水灾是第一大灾害，达到惊人的1 875次，年均6.77次；地震总数为1 491次，年均5.38次；旱灾总数为946次，年均3.42次；雹灾总数为446次，年均1.61次；蝗灾总数为323次，年均1.17次；疫灾总数为170次，年均0.61次；风沙灾害总数为272次，年均0.99次；霜雪灾害总数为90次，年均0.32次。"^③ 正如邓拓所论，明代"灾害之多"，属于"前所未有的记录"。

一、"京畿之殇"与"吃人现象"

明中期以来，特别是成化以降，一方面，气候转冷，进入"明清小冰期"，环境灾变频率加快，各地水旱灾害明显增多。另一方面，土地兼并加剧，赋税徭役繁重，自耕农大量破产，民众几乎丧失抗灾自救能力，遇灾则荒。鞠明库指出："明前期年均发生自然灾害约为15.5次，中期年均24.2次，后期年均19.1次。明后期的灾害频度虽高于明前期，但低于明中期。然而，频度并不是衡量灾情轻重的唯一因素，波及范围、持续时间、为害程度也是衡量灾情轻重不可或缺的条件。明代最严重的自然灾害多发生在明后期，不仅波及范围广，而且持续时间长，危害非常大。"^④ 如天顺元年（1457），官员奏报："今山东、直隶等处，连年灾伤，人民缺食，穷乏至极，艰窘莫甚。园林桑枣、坟茔树砖砍掘无存。易食已绝，无可度日，不免逃窜。携男抱女，衣不遮身，披草荐蒲席，匍匐而行，流徙他乡，乞食街巷。欲卖子女，率皆缺食，谁为之买？父母妻子不能相顾，哀号分离，转死沟壑，饿殍道路，欲便埋葬，又被他人割食，以致一家父子自相食。皆言往昔曾遭饥饿，未有如今日也。"^⑤

---

① 邓拓：《中国救荒史》，北京出版社1998年版，第33—34页。
② 陈高傭：《中国历代天灾人祸年表》，上海国立暨南大学十卷线装本1939年版。
③ 鞠明库：《灾害与明代政治》，中国社会科学出版社2011年版，第65页。
④ 鞠明库：《灾害与明代政治》，中国社会科学出版社2011年版，第68—69页。
⑤ 《明英宗实录》卷278，天顺元年五月丁丑条。

（一）成化六年"京畿之殇"

成化时期是明代灾荒高发期。这一时期，灾荒问题不再是区域性问题，而是严重的全国性问题。如成化六年（1470）京畿灾荒，京畿之地成为重灾区，灾荒肆虐多时，波及面积广，瘟疫横行，饿殍遍地，流民问题严重，堪称"京畿之殇"。

成化六年六月，"顺天、河间、永平等府大水"①。而且，"自六月以来，淫雨浃旬，潦水骤溢。京城内外军民之家冲倒房舍、损伤人命不知其算，男女老幼饥饿无聊，栖迟无所，啼号之声接于闾巷"②。官员又称："京畿及山东地方旱涝相仍，以故京城内外饥民多将子女、牛畜减价鬻卖，其势必至于攘窃劫掠。又访得各处屯营达官人等亦随处群聚，强借谷米，或行劫夺。"③ 九月，兵部尚书兼文渊阁大学士彭时等奏："京城米价高贵，莫甚此时。实由今年畿甸水荒无收，军船运数欠少，皆来京城籴买。而贾米船亦恐河冻，少有至者。所以米价日贵一日，军民所仰者，惟官粮而已。"④ 十二月，吏部尚书姚夔建言："水旱灾伤之余，米价腾贵。皇上轸念黎元，已发太仓米粟一百万石分投赈粜，又虑米粟不及，于无钱之家泽靡下究。复敕有司勘贫难者，设法赈济，京城之民可保无虞矣！但在外州县饥荒尤甚，村落人家有四五日不举烟火、闭门困卧待尽者，有食树皮草根及因饥疫病死者，有寡妻只夫卖儿卖女卖身者，朝廷虽有赈济之法，有司奉行未至。且今冬无雪，则来岁无麦，事益难为。"⑤ 显然，成化六年，京畿闹灾荒过程，主要是先发生旱灾，继而水灾，水旱灾害造成饥荒。饥荒之际，又闹瘟疫。如成化七年（1471）五月，顺天府府尹李裕等言："近日，京城饥民疫死者多，乞於户部借粮赈济，责令本坊火甲瘗其死者，本府官仍择日斋戒，诣城隍庙祈禳灾疹。上允其请。"⑥ 由于疫死人数过多，"（明宪宗）诏京城外置漏泽园。时，荒旱之余，大疫流行，军民死者枕藉于路。上闻而怜之，特诏顺天府五城兵马司于京城崇文、宣武、安定、东直、西

---

① 《明宪宗实录》卷80，成化六年六月戊辰条。
② 《明宪宗实录》卷80，成化六年六月庚午条。
③ 《明宪宗实录》卷81，成化六年七月丙戌条。
④ 《明宪宗实录》卷83，成化六年九月己亥条。
⑤ 《明宪宗实录》卷86，成化六年十二月庚戌条。
⑥ 《明宪宗实录》卷91，成化七年五月乙亥条。

直、阜城六门郭外各置漏泽园一所，收瘗遗尸。"①

为缓解京畿灾荒，官员纷纷上疏，献计献策，提出包括发放赈粮、平粜粮食、稳定粮价、蠲免赋役、缓征马匹、停免杂派、放归监生与"吏部听选官"、遣返游僧与流民、整顿吏治、惩处救灾不力官员、加强对救灾官员监督、保障救灾措施有效实施、惩治奸民与盗贼、维护市场稳定与社会安全、扶持灾区农业生产、增加灾民抗灾能力、直接派遣京官赈灾、安抚灾民、检讨政治，实施"仁政"消弭灾异等各种救灾措施。尽管成化君臣对成化六年京畿灾荒高度重视，朝廷多方营救应对，但所为多为临时性的救济之举，不能从根本上解决灾民贫困问题，因此救灾效果并不好，灾荒仍在蔓延，灾区面积不断扩张。如成化七年三月，"顺天府府尹李裕等奏：顺天等八府比岁民饥，流亡颇多"②。由于饥民数量太多，朝廷不得不一再下拨救灾粮食，以求缓解灾情。如成化七年三月，朝廷"再发京仓粟米一十万石，通前未粜米共二十万余石，于五城分粜，价如先次所定，每石五钱。盖至是，发粟已九十万矣！以军民饥甚、二麦未熟故也"③。即便如此，饥荒仍不能得到有效控制。成化七年四月，户部奏："近日饥民行乞于道，多有疲不能支，或相仆藉。"④成化七年七月，"监察御史等官周源等奉敕赈济饥民。（周）源赈济顺天府大兴等四县饥民二十一万九千八百余口；吏部员外郎王玺、刑部主事邢谨赈济真定府所属州县十五万八千二百七十口；礼部员外郎曹隆、兵部署员外郎张谨、大理寺正刘瀚共赈济河间府所属州县三十九万八千七百一十口"⑤。此次赈济活动，仅直隶所属顺天府等三府被赈济的饥民就多达 776 780 余口。如《赵州府志》载："成化七年夏四月，临城大旱，民饥流移。时大旱又雨雹，二麦伤稿，斗米百钱。民多流殍四方，不可胜计。"⑥

成化六年爆发的京畿饥荒，至成化八年仍未得到有效控制，实则还在延续，大量饥民涌进京城乞讨。成化八年底，官员郭良奏："迩来近京饥民比肩

①《明宪宗实录》卷91，成化七年五月辛巳条。
②《明宪宗实录》卷89，成化七年三月己丑条。
③《明宪宗实录》卷90，成化七年四月丁卯条。
④《明宪宗实录》卷90，成化七年四月壬申条。
⑤《明宪宗实录》卷93，成化七年七月戊子条。
⑥ 隆庆《赵州府志》卷9《杂考·风俗》，天一阁藏明代方志选刊。

接踵，丐食街巷，昼夜啼号，冻饿而死者在在有之。有司虽有养济院，而人多不能遍济。"① 而且，灾荒还在继续。成化九年八月，"直隶清丰县知县汤涤奏，本府地方连年荒歉，今又大水，时疫盛行，死者无算，而预备仓粮放支已尽，救荒无策，莫甚此时"②。又，成化九年八月，"巡抚北直隶右副都御使叶冕奏顺德、广平、大名、河间、真定、保定六府，赈济过饥民六十九万一千七百三十六户，用粮七十五万三百石有奇"③。灾区不断扩大，灾民境遇悲惨。如成化九年，都察院司务顾祥奏："山东地方人民饥荒之甚，有扫草子、剥树皮、割死尸以充食者。"④ 相似记载，兹不赘引。

成化六年京畿灾荒，是发生在作为明朝根本之地所在——帝国政治中心的京师及周边，竟由水旱灾害转而发生饥荒。凡此，至少说明两个事实：其一，朝廷及京畿地方政府抗灾救灾能力较低；其二，京畿民众遇灾则荒，足见其贫困严重程度。

（二）成化二十年左右的"吃人现象"

成化六年的京畿灾荒是一个典型事件，也是一个标志性事件。是年始，明朝京畿之地持续发生灾荒，京畿以外灾荒亦频发，尤为严重。其所以然，随着农民贫困化及乡村社会脆弱性加剧，灾荒破坏性得以增强。灾荒肆虐，又何止于北方。是时，江南等地，灾荒也很严重。而且，灾荒背景下，灾民、饥民、流民，还有"盗贼"，一并汇成冲击传统乡村社会秩序的强大的破坏性力量，民众聚众"暴乱"抢劫等事件屡屡发生。

以成化六年京畿灾荒为开端，成化时期的灾荒"与时俱增"，而且越发严重。灾荒问题持续累积，成化二十年左右，中原等地又持续发生了罕见的严重灾荒。灾荒频发，一些饿红眼的灾民，徘徊于饥饿与死亡边缘，其社会属性让位于动物属性，在生存为第一原则的驱使下，竟相吃人。凡此，灾区及灾民都笼罩在道德底线崩溃、人人自危的惶恐不安之中。前文已有提及，成化以前，"人吃人"事件不多；成化以后，不绝于书。特别是成化二十至二十三年

---

① 《明宪宗实录》卷111，成化八年十二月癸酉条。
② 《明宪宗实录》卷119，成化九年八月癸酉条。
③ 《明宪宗实录》卷119，成化九年八月丙子条。
④ 《明宪宗实录》卷119，成化九年五月壬辰条。

(1484—1487)，"人吃人"事件频繁发生，表明"三荒问题"已极为严重。如成化二十年七月，巡抚陕西右副御史郑时等奏："陕西连年亢旱，至今益甚，饿莩塞途，或气尚未绝以为人所割食。见者流涕，闻者心痛，日复一日。"① 关于成化年间灾年"食人"事件，史书多有记载，今列表以示之。

成化年间部分"食人"事件一览表

地点	灾况	出处
东明县	成化二十年，岁大旱，人饥，相食。 成化二十三年，岁大饥，人相食	清修《东明县志》卷7"灾异"
扶沟县	成化十九年旱荒，人相食	清修《扶沟县志》卷15"灾祥"
新乡县	成化二十年春，饥，人相食	清修《新乡县志》卷28"祥异"
南乐县	成化二十年及二十三年大饥，人相食	清修《南乐县志》（冀）卷7"祥异"
浮山县	成化二十一年，民大饥，人多相食	民国修《浮山县志》卷37"灾祥"
翼城县	成化二十一年，民大饥，人相食	民国修《翼城县志》卷14"灾祥"
大名府	成化二十年，大旱，饥，人相食。 成化二十二年，大旱，饥，人相食。 成化二十三年大饥，人相食	民国修《大名县志》卷26"祥异"
莘县	成化二十一年，莘县等处旱，人相食	正德《莘县志》卷6
商城县	成化二十三年大水，岁大饥，人相食	嘉靖《商城县志》卷8"杂述"
兖州	成化二十一年春至秋不雨，蝗蝻满地，人相食	万历《兖州府志》卷15"灾祥"
鲁山县	成化二十年大旱，岁荒，人相食	嘉靖《鲁山县志》卷10"灾祥"

注：表中"灾况"文字在原文基础上略作删减。

关于灾年"人食人"悲剧之"病理"，有学者指出："在遭受灾害之后，

---

① 《明宪宗实录》卷254，成化二十年七月庚寅条。

个别人失去了正常的生活信念和行为规范，发生了理性、理念、心理的回归，即向原始的、本能的、生物的本性的回归，无视社会规范和行为准则，将自身活动降低到仅仅求得生命延续即生物学意义上的生存层次上。"① 可以说，成化时期标志着明代进入灾年"人吃人"的恐怖历史时期。酿成这一悲剧的原因大致有三：一是连年灾荒，人民贫困至极，饥饿至极；二是政府的救济不力，灾区社会控制失措；三是灾民的社会心理错位、精神状态消极偏激。

二、灾荒频发原因

成化时期，此起彼伏的灾荒，也令成化君臣心中不安。他们在筹谋救灾的同时，也在反省自己，也在检讨灾荒成因。笔者认为，成化时期灾荒频繁原因很多，根本原因是明朝不可能从根本上革除弊政及真正践行"为民理财"的养民政策。当然，成化时期灾荒频发还有其他诸多"非根本性"原因值得我们思考。

成化时期正值"明清小冰期"，气候转冷，生态环境灾变增多，旱灾严重，这是客观事实。另外还有其他一些原因值得我们深思与探究。一是民众生活习惯致贫致灾。如成化六年大理寺左少卿宋旻所言："大名、顺德、广平三府人民稍遇水旱，辄称饥窘。盖由民无远虑，略收即用，不思积蓄。虽丰年田禾甫刈，室家已空，况于凶岁。"② 二是成化时期世风奢靡，竞奢成风，耗费大量金钱物资，奢靡致灾致贫③。

除了上述原因外，还有以下几点原因：其一，赋役繁重。如官员马文升在《恤百姓以固邦本疏》中称："自成化以来，科派不一，均徭作弊，水马驿站之戕害，户口盐钞之追征，加以材薪皂隶银两，砍柴抬柴夫役，与夫买办牲口厨料，夏秋税粮马草，每省一年有用银一百万两者，少则七八十万两，每年如是。所以百姓财匮力竭，而日不聊生也。一遇荒歉，饿殍盈途，盗贼蜂起。"④ 其二，在救灾过程中，官员平粜粮食时教条僵化，技术性差，不以民生为意。

① 王子平：《灾害社会学》，湖南人民出版社1998年版，第261－262页。
② 《明宪宗实录》卷86，成化六年十二月壬戌条。
③ 《明宪宗实录》卷86，成化六年十二月庚午条。
④ 陈子龙：《明经世文编》，中华书局1962年版，第518－519页。

其三，农田水利失修，备荒仓储废弛，社会与民众抗灾能力低下。明初，备荒仓储废弛的问题就已出现，其后越发普遍，京畿之地亦然。如成化七年七月，户部官员称："国初，郡县设预备四仓，支给官钱籴粮收贮，以备饥荒赈济，秋成抵斗还官。其后因循，有名无实。朝廷虽屡差官振举，然有司视为泛常。"[①] 至于农田水利建设，明初以来，兴修渐少，有些地方基本荒废。成化七年十月，巡抚北直隶右副都御史杨璿奏："顺天、保定、河间、真定四府所属霸州、固安、东安、大城、香河、宝坻、新安、任丘、河间、肃宁、饶阳诸县累被水患，盖由地势平坦，水易潴积。而唐河、滹沱河、白沟河上源堤岸不修，或修而低薄，每天雨连绵，即泛溢漫流。为此数处之患，间有官吏能为民通利者，又以上源下流，地方隔远，彼疆此界，心力难齐，不过决诸东西以邻为壑，遂使彼此皆失地利，岁累不登，小民鲜食，日望赈济而已。"[②]

第二节　丘濬救灾方略

明前期，国家还算富庶，政府救助灾民的措施很多，主要包括蠲免、缓征、停征及折征赋税，赈粮、赈钱、工赈、赈贷、施粥、调粟、安辑流民、抚恤等，国家一直是灾区社会稳定有力的保障者与灾区民生经济支柱。如《明史》称："（明代）赋税蠲免，有恩蠲，有灾蠲。太祖之训，凡四方水旱辄免税。丰岁无灾伤，亦择地瘠民贫者优免之。凡岁灾，尽蠲二税，且贷以米，甚者赐米布若钞。又设预备仓，令老人运钞易米以储粟。荆、蕲水灾，命户部主事赵乾往振，迁延半载，怒而诛之。青州旱蝗，有司不以闻，逮治其官吏。旱伤州县，有司不奏，许耆民申诉，处以极刑。孝感饥，其令请以预备仓振贷，帝命行人驰驿往，且谕户部：'自今凡岁饥，先发仓庾以贷，然后闻，着为令。'在位三十余年，赐予布钞数百万，米百余万，所蠲租税无数。成祖闻河南饥，有司匿不以闻，逮治之。因命都御史陈瑛榜谕天下，有司水旱灾伤不以闻者，罪不宥。又敕朝廷岁遣巡视官，目击民艰不言者，悉逮下狱。仁宗监国时，有以发振请者，遣人驰谕之言：'军民困之，待哺嗷嗷，尚从容启请待报，

---

① 《明宪宗实录》卷93，成化七年七月乙未条。
② 《明宪宗实录》卷97，成化七年十月癸巳条。

不能效汉汲黯耶？'宣宗时，户部请覆饥民。帝曰：'民饥无食，济之当如拯溺救焚，奚待勘。'盖二祖、仁、宣时，仁政亟行。预备仓之外，又时时截起运，赐内帑。被灾处无储粟者，发旁县米振之。蝗蝻始生，必遣人捕瘗。鬻子女者，官为收赎。且令富人蠲佃户租。大户贷贫民粟，免其杂役为息，丰年偿之。皇庄、湖泊皆弛禁，听民采取。饥民还籍，给以口粮。京、通仓米平价出粜，兼预给俸粮以杀米价，建官舍以处流民，给粮以收弃婴。养济院穷民各注籍，无籍者收养蜡烛、旛竿二寺。其恤民如此。"①

至明中后期，明太祖"祖训"虽在，但君臣耽于逸乐，忙于敛财，贪污纳贿，政治越发黑暗，土地兼并严重，农田水利失修，荒政废弛，备荒仓储空虚，灾荒频发。特别是成化时期，明朝进入灾荒高发期，不时上演"京畿之殇"，灾区"人吃人"现象多发。灾荒所致，社会动荡随之，灾民、饥民、流民千百成群，东奔西突，对朝廷安全与社会秩序构成巨大威胁。如何减少灾荒破坏？如何备灾备荒？如何救灾救荒？如何有效加强灾区控制？这些问题都成为明中后期君臣必须面对的重大问题。为了应对灾荒，明代救灾救荒知识与经验在救灾救荒实践中不断累积，出现了很多荒政研究著述。如明人谢肇淛（1567—1624）《五杂俎》载："齐、晋、燕、秦之地，有水去处皆可作水田，但北人懒耳。水田自犁地而浸种，而插秧，而薅草，而车戽，从下迄秋，无一息得暇逸，而其收获亦倍。余在济南华不注山下见十数顷水田，其膏腴茂盛，逾于南方，盖南方六七月常苦旱，而北方不患无雨故也。二策若行，十数年间，民见利而力作，仓庾充盈，便可省漕粮之半。即四方有警，而西北人心不至摇动，京师亦安于泰山矣。"② 不过，也记载了一些"可笑"方法。如谢肇淛《五杂俎》载："昔人谓亢旱之时，上帝有命，封禁五渎。此诚似之，每遇旱，即千方祈祷，精诚愈竭，杳无其应也。燕、齐之地，四五月间尝苦不雨，

---

① 张廷玉等：《明史》，中华书局1974年版，第1908－1909页。又如："洪武元年八月诏：今岁水旱去处，所在官司，不拘时限，从实踏勘实灾，租税即与蠲免。洪武十九年六月诏：所在鳏寡孤独，取勘明白。果有田粮有司未曾除去、设若无可自养者，官岁给米六石。其孤儿，有田不能自为，既免差役；有亲戚者，有司责令亲戚收养；无亲戚者，邻里养之，毋致失所。其无田，有司一体给米六石，邻里亲戚收养。其孤儿名数，分豁有无恒产，以状来闻。候出幼，同民立户。"见李文海、夏明方：《救荒策会》，《中国荒政丛书》（第一辑），北京古籍出版社2002年版，第707页。

② 谢肇淛：《五杂俎》，上海古籍出版社2012年版，第42页。

土人谓有魃鬼在地中，必掘出鞭而焚之方雨。魃既不可得，而人家有小儿新死者，辄指为魃，率众发掘，其家人极力拒敌，常有丛殴至死者，时时形之讼牒间。真可笑也。"[1] 荒政著述还有朱熊的《救荒活民补遗书》、林希元的《荒政丛言》、屠龙的《荒政考》、陈继儒的《煮粥条议》、俞汝为的《荒政要览》、刘世教的《荒箸略》、钟化民的《赈豫纪略》、周孔教的《荒政议》、陈龙正的《救荒策会》、张陛的《救荒事宜》，等等。其中，丘濬所著《大学衍义补》最有创见，他以"立政以养民"为救灾根本方略，详细论述了改造农林生态环境、丰富各地作物种植品种，加强仓储建设等具体救灾措施。最为重要的是，这些措施充分体现了丘濬"立政以养民"及"以民为本"的政治主张，把救灾措施与救时主张进行了有效统一。

一、"养民"：救灾之根本方略

明太祖有着强烈的忧患意识与治世情结。他以"养民"为号召，[2] 以土地开发为途径，积极构建丰衣足食、控制有力的小农社会。是时，民生稍安，民食稍足。永乐时期，朝廷以抚民与屯田为急务，重视农业生产；仁宣之际，政府尚能与民休息，乡村社会秩序基本稳定。正统以来，统治者逐渐失去建国之初勤政不怠之作风，政治渐趋腐败，民生每况愈下。丘濬自景泰五年（1454）步入仕途以来，对灾荒与民生问题尤为关注。他以"养民"为政治担当，敢于针砭时弊，为民鼓与呼。如丘濬称："自古圣帝明王，知天为民以立君也，必奉天以养民。凡其所以修德以为政，立政以为治，孜孜然，一以养民为务……

---

① 谢肇淛：《五杂俎》，上海古籍出版社 2012 年版，第 13 页。
② 如明太祖告诫官僚："自古生民之众，必立之君长以统治之。不然，则强者愈强，弱者愈弱，纷纭吞噬，乱无宁日矣。然天下之大，人君不能独治，必设置百官有司以分理之。除强扶弱，奖善去奸，使民遂得其安。然后可以尽力田亩，足其衣食，输租赋以资国用。予今命汝等为牧民之官，以民所出租赋为尔等俸禄，尔当勤于政事，尽心于民。民有词讼当为办理曲直，毋或尸位素餐，贪冒坏法，自触宪纲，尔往其慎之。"（《明太祖实录》卷 24，洪武元年秋七月丁丑条）他强调："夫善政在于养民，养民在于宽赋。"（《明太祖实录》卷 29，洪武元年正月甲申条）又敕谕新授北方守令曰："牧民之任当爱其民，况新附之邦，生民凋瘵，不有以安养之，将复流离失所望矣。尔等宜体朕意，善抚循之，毋加扰害，简役省费以厚其生，劝孝励忠以厚其俗。"（《明太祖实录》卷 32，洪武元年秋七月丙子条）他也曾明确指出："人君所以养民也，民与君同一体，民食有缺，吾心何安？"（《明太祖实录》卷 73，洪武五年五月戊午条）

自古帝王，莫不以养民为先务。秦汉以来，世主但知厉民以养己，而不知立政以养民。此其所以治不古若也欤。"① 然而，成化时期，明朝政治陷入腐败混乱的泥潭。腐败的政治成为民生贫困、社会失范的催化剂。皇帝漠视民瘼，多数官员尸位素餐。凡此，遂使社会小问题酿成大灾难，加重民生苦难。自此，君主虽以"养民"为号召，却行"养己"之实。这不是一个小问题。如明代思想家吕坤（1536—1618）有言："王道有次第，舍养而求治，治胡以成？求教，教胡以行？无恒产有恒心，士且不敢人人望，况小民乎？"② 吕坤所言不虚，朝廷若不实施"养民"政策，不实施富民的"为民理财"措施，"治世"焉能实现？事实上，如果朝廷不实施"养民"政策，民众穷困，焉能从根本上实现预防灾荒及救灾救荒目的。

丘濬明确提出，"养民"为救灾的根本方略。强调"养民"是君主的天职与官员本分，君主若"厉民以养己"，则有悖天意。天灾与饥馑之所以发生，丘濬认为都是朝廷不养民所致："君有民，不知所以恤之，使其寒不得衣，饥不得食，凶年饥岁，无以养其父母，育其妻子，而又从而厚征重敛，不时以苦之，非道以虐之，则民怨怼而生背叛之心，不为君有矣。民不为君有，君何所凭藉以为君哉。古之明主，所以孜孜焉，务民于农桑，薄税敛，广储蓄，以实仓廪，备水旱，使天下之民，无间丰凶，皆得饱食暖衣，以仰事俯育，则常有其民而君位安，国祚长矣。"③

如何才能从根本上解决灾荒问题？丘濬认为，朝廷唯有实施"养民"方略。换言之，救灾之根本方略是朝廷真正做到"养民"，实行富民政策，"为民理财"，使民"畜积多矣"。丘濬指出："安养斯民之政，在开其资财之道。开资财之道，在垦土田，通山泽，使地无遗利。禁游民，兴农业，使民无余力。如此，则畜积多矣。虽有天灾，数年之水旱，而吾所以为之备者，具之有素，安能为吾民患哉？是以古之善为治者，恒备于未荒之先。救之已患之后者，策斯下矣。"④ 除此，为了使民"畜积多矣"，政府必须要保障小民"皆有常职"，都有获得稳定收入的"职业"，要"制民之产"，达到"人人有以为生，物物

---

① 丘濬：《大学衍义补》卷1，京华出版社1999年版，第5页。
② 吕坤：《吕坤全集》，中华书局2008年版，第944页。
③ 丘濬：《大学衍义补》，京华出版社1999年版，第121–122页。
④ 丘濬：《大学衍义补》，京华出版社1999年版，第158页。

足以资生，家家互以助生"。丘濬有言："民生天地间，有身则必衣，有口则必食，有父母妻子则必养。既有此身，则必有所职之事，然后可以具衣食之资，而相生相养以为人也。是故一人有一人之职，一人失其职，则一事缺其用。非特其人无以为生，而他人亦无以相资以为生。上之人亦将何所藉以为生民之主哉？先王知其然，故分其民为九等。九等各有所职之事，而命大臣因其能而任之。是以一世之民，不为三农则为园圃，不为虞衡则为薮牧。否则，为百工，为商贾，为嫔妇，为臣妾，皆有常职，以为之生。是故生九谷，毓草木，三农园圃之职也。作山泽之材，养鸟兽，虞衡薮牧之职也。与夫饬化八材，阜通货贿，化治丝枲，聚敛疏财，岂非百工商贾嫔妇臣妾之职乎。是八者，皆有一定职任之常，惟夫闲民，则无常职，而于八者之间，转移执事，以食其力焉。虽若无常职，而实亦未尝无其职也。是则凡有生于天地之间者，若男若女，若大若小，若贵若贱，若贫若富，若内若外，无一人而失其职，无一物而缺其用，无一家而无其产。如此，则人人有以为生，物物足以资生，家家互以助生，老有养，幼有教，存有以为养，没有以为葬。天下之民莫不爱其生而重其死。人不游手以务外，不左道以惑众，不群聚而劫掠，民安则国安矣。有天下国家者，奉天以勤民，其毋使斯民之失其职哉。"①

二、多途并举：救灾具体措施

丘濬心系民生与社稷，为了经世救时，他研究历代救灾策略，总结经验教训，结合明代灾荒问题而提出了一系列有效应对机制与救灾方略。下面就丘濬提出的救灾具体措施予以归纳与介绍。

（一）强调备荒为救灾第一原则

明中期以来，天灾频繁，饥荒严重，朝廷漠视民瘼，灾民境遇极其悲惨。丘濬目睹灾荒实情，对灾民处境认识真切，如他所述："当此凶荒之时，吾民嗷嗷然以待哺，眈眈然以相视。艺业者，技无所用。营运者，货无所售。典质，则富户无钱；举贷，则上户无力。鱼虾螺蚌，采取已竭；木皮草根，剥掘又尽。面无人色，形如鬼魅，扶老携幼，宛转以哀号。力疾曳衰，枵腹以呻

---

① 丘濬：《大学衍义补》，京华出版社 1999 年版，第 129 – 130 页。

吟，气息奄奄，朝不保暮。其垂于阽危，濒于死亡也如此。"① 丘濬认为，有备无患，备荒应该是救灾的第一原则，即政府要重视备荒仓储建设，加强农田水利整修，实行"为民理财"的富民政策。丘濬提出："知治本者，恒于斯民平居完具之时，预为一旦流离之虑。必择守令，必宽赋役，必课农桑，汲汲然，惟民食之为急。先水旱而为水旱之备，未饥馑而为饥馑之储。此无他，恐吾民一旦不幸无食而至于流离也。夫蓄积多而备先具，则固无患矣。"② 丘濬还强调："人君之为治，所以延国祚、安君位者，莫急于为民。故凡国家之所以修营积贮者，何者而非为民哉？是故丰年则敛之，非敛之以为己利也，收民之有余，为备他日之不足。凶年则散之，非散之以为己惠也，济民之不足，而发前日之有余。吁，民有患，君则恤之，则夫他日君不幸而有患焉，则民将救之，惟恐后矣。"③

（二）丘濬提出经济发展要有规划，农业要因地制宜，杂种诸谷以保证收成

传统农业时代，农业生产靠天吃饭，农民以个体家庭为单位进行分散的生产活动，国家缺少统一的经济发展规划。显然，无论是小农还是国家，所从事的都是盲目的经济生产活动。丘濬从保障经济稳定及生产优化的目的着手，他认为，经济活动要从耕地面积、人口数量、气候特点及土地质量等方面进行比较分析，确定合理的生产方式与内容，生产才有保障，才能有利于"养民"。无疑，丘濬提出了具有前瞻性的经济规划思想。他称："天地生人，止有此数。天之所覆者，虽无所不至，而地之所容者，则有限焉。是以为上之人，必知其民之数，以验吾之政。又必有以知其地域之广狭长短，以验其民居之所容，辨其土地之寒暖燥湿，以识其民性之所宜。察其民物之详，审其利害之故，蕃鸟兽以为其衣食之资，毓草木以为其室器之用。别其土壤，教其稼穑。"④ 显然，生产有保障，农民抗灾自救的能力就会增强。

明代农业种植观念还是比较落后的，各区域所种植的农作物品种单一，遇灾歉收，一歉皆歉，农民收成无所补救。有鉴于此，丘濬提出各地农业生产要

① 丘濬：《大学衍义补》，京华出版社 1999 年版，第 157 页
② 丘濬：《大学衍义补》，京华出版社 1999 年版，第 33 页
③ 丘濬：《大学衍义补》，京华出版社 1999 年版，第 157 页
④ 丘濬：《大学衍义补》，京华出版社 1999 年版，第 123 页。

因地制宜，杂种各种粮食作物，确保农民收成有保障："地土高下燥湿不同，而同于生物。生物之性虽同，而所生之物则有宜不宜焉。土性虽有宜不宜，人力亦有至不至。人力之至，亦或可以胜天，况地乎？宋太宗诏江南之民种诸谷，江北之民种秔稻。真宗取占城稻种，散诸民间。是亦《大易》'裁成辅相，以左右民'之一事。今世江南之民，皆杂莳诸谷，江北民亦兼种秔稻。昔之秔稻，惟秋一收，今又有早禾焉。二帝之功，利及民远矣。后之有志于勤民者，宜仿宋主此意，通行南北，俾民兼种诸谷。"①

（三）官民各负其责，实行"沟洫之制"，保障农业生产

一般而言，农田水利多农民自发的、临时性之举，缺少长远规划；政府兴修水利，多在水灾之后，也是救急之举，缺少制度化。丘濬认为，要将水利建设日常化、制度化、分工明确化，由政府统筹，官民一体，建设管理制度化、规划长久化、维护日常化的"沟洫之制"："井田之制，虽不可行，而沟洫之制，或不可废。但不可泥于陈迹，必欲一一如古人之制尔。今京畿之地，地势平衍，率多洼下。一有数日之雨，即便淹没，不必霖潦之久，辄有害稼之苦。农夫终岁勤苦，盼盼然，而望此麦禾以为一年衣食之计，赋役之需，垂成而不得者多矣。良可悯也。北方地经霜雪，不甚惧旱。惟水潦之是惧。十岁之间，旱者十一二，而潦恒至六七也。为今之计，莫若少仿遂人之制，每郡以境中河水为主，如保定之白沟，真定之滹沱之类。又随地势，各为大沟，广一丈以上者，以达于大河。又各随地势，各开小沟，广四五尺以上者，以达于大沟。大沟，地官用钱偿其值。小沟，地所近田主偿其值。又各随地势开细沟，广二三尺以上者，委曲以达于小沟。其大沟，则官府为之。小沟，则合有田者共为之。细沟，则人各自为于其田。每岁二月以后，官府遣人督其开挑，而又时常巡视，不使淤塞。如此，则旬月以上之雨，下流盈溢，或未必得其消涸。若夫旬日之间，纵有霖雨，亦不能为害矣。朝廷于此。又遣治水之官，疏通大河，使无壅滞。又于夹河两岸筑为长堤，高一二丈许，如河身二丈，两旁各留二丈许空地，以容水。则众沟之水，皆有所归，不至溢出。而田禾无淹没之苦，生民享收成之利矣。是亦王政之一端也。惟圣明留意，下有司议可否，而推行其

---

① 丘濬：《大学衍义补》，京华出版社1999年版，第134－135页。

法于天下。"①

（四）建立专门救灾团队，制定奖惩机制以督导之，藉以提高救灾效率

丘濬称："救荒无善政。非谓积蓄之不先具，劝借之无其方也。盖以地有远近，数有多寡，人有老幼强弱。聚为一处，则蒸为疾疫；散之各所，则难为管理。不置簿书，则无所稽考；不依次序，则无以遍及。置之则动经旬月，序之则缓不及救。有会集之忧，有辨察之烦。措置一差，皆足致弊。此所以无善政也。"② 为了保证救灾及时而有效，丘濬吸取宋朝富弼救灾经验，提出："折衷富弼之法，立为救荒法式，颁布天下州县。凡遇凶荒，或散粟，或给粥，所在官司即行下所属，凡所部之中，有致仕闲住，及待选依亲等项官吏、监生，与夫僧道、耆老、医卜人等，凡平日为乡人所信服者，官司皆以名起之，待以士大夫之礼，予以朝廷人民之意，给以印信文凭，加以公直等名，俾其量领官粟，各就所在，因人散给，官不遥制。事完之日，具数来上。其中得宜者，量为奖勉。作弊者，加以官法。如此，则吏胥不乘机而恣其侵劫，饥民得实惠而免于死亡矣。"③

（五）主张废除义仓，将其归入政府仓储统一管理

丘濬称："我太祖开基五年，诏天下郡县，立孤老院。凡民之孤独残疾不能自生者，许入院。官为赡养。每人月米三斗，薪三十斤。冬、夏布一匹。小口给三分之二。寻又改孤老院为养济院。其初著之于令。曰：凡鳏寡孤独，每月给米，每岁给布，务在存恤。监察御史、按察司官，常加体察。既而著之于律。曰：凡鳏寡孤独废疾无依之人，俱收于养济院，常加存恤。合得衣粮，依期按月支给。毋令失所。遇有疾病，督医治疗。噫，列圣相承，发政施仁，咸先于斯。凡颁诏条，必申饬焉。可谓仁之至而义之尽矣。臣窃以谓，京城百万军民所聚，无告之民，不可数计。有司拘于事例，必须赴告通政司，送户部下该管官司，取里邻结状，然后得与居养之列。文移上下，动经旬月，彼无告穷民，岂能堪此？为今之计，乞敕巡城御史，及兵马司官，凡遇街衢悲呼丐食之人，即拘集赴官，询其籍贯、居址，挨究有无亲属、产业。有产业者，责之管

---

① 丘濬：《大学衍义补》，京华出版社 1999 年版，第 136 页。
② 丘濬：《大学衍义补》，京华出版社 1999 年版，第 162 页。
③ 丘濬：《大学衍义补》，京华出版社 1999 年版，第 162 页。

业之人。有亲属者，责之有服之亲。如果产业亲属俱无，即发顺天府，收入养济院居养。如此，则无告之民皆沾实惠，而衢路之间，无悲号者矣。"①

丘濬认为，备荒仓储对救灾意义重大，作用非常。但是，他认为，义仓非但不利于救灾，反倒有害于民生。故而建议将义仓纳入官仓系统，强化官办仓储救灾能力："义仓之法，其名虽美，其实与民无益。储之于当社，亦与储之于州县无以异也。何也？年之丰歉无常，地之燥湿各异，官吏之任用不久，人品之邪正不同。由是观之，所谓'义'者，乃所以为不义。本以利民，反有以害之也。但见其事烦扰长吏奸而已。其于赈恤之实，诚无益焉。然则如之何而可？臣愚窃有一见。请将义仓见储之米，归并于有司之仓。俾将所储者与在仓之米，挨陈以支。遇有荒年，照数量支以出。计其道理之费，运之当社之间，以给散之。任其事者，不必以见任之官；散之民者，不必在官之属。所司择官以委，必责以大义。委官择人以用，必加以殊礼。不必拘拘于所辖，专专于所属。如此，则庶几民受其惠乎。"② 又称："朝廷设立义仓，本以为荒歉之备，使吾民不至于捐瘠。而有司奉行不至，方其收也，急于取足，不复计其美恶。及其储也，恐其浥烂，不暇待其荒歉。所予者不必所食之人，所征者多非所受之辈。"③ 其中，丘濬赞同设立"常平仓"作为备荒仓储。他认为："今天下大势，南北异域。江以南，地多山泽，所生之物，无间冬夏，且多通舟楫，纵有荒歉，山泽所生，可食者众。而商贾通舟，贩易为易。其大江以北，若两淮，若山东，若河南，亦可通运。惟山西、陕右之地，皆是平原。古时运道，今皆湮塞。虽有河山，地气高寒，物生不多。一遇荒岁，所资者草叶木皮而已。所以其民尤易为流徙。为今之计，莫若设常平仓。当丰收之年，以官价杂收诸谷，各贮一仓。岁出其易烂者，以给官军月粮。估以时价，折算与之。而留其见储米之耐久者，以为蓄积之备。又特遣臣僚寻商于入关之旧路，按河船入渭之故道，若岁运常数有余，分江南漕运之余以助之。一遇荒歉，舟漕陆辇以往，是皆先是之备，有备则无患矣。"④

---

① 丘濬：《大学衍义补》，京华出版社1999年版，第151页。
② 丘濬：《大学衍义补》，京华出版社1999年版，第159页。
③ 丘濬：《大学衍义补》，京华出版社1999年版，第160页。
④ 丘濬：《大学衍义补》，京华出版社1999年版，第161页。

（六）其他救灾具体措施

除了上述救灾救荒措施，丘濬认为，救灾救荒要灵活处置，他建议实施"移民就粟""移粟就人""随处安插""官府招商""官府市籴""官给牛种""遣送流民"以及预防瘟疫等应急救灾举措。丘濬有言："国家设若不幸而有连年之水旱，量其势必至饥馑，则必预为之计。通行郡县，查考有无蓄积。于是量其远近多寡，或移民以就粟，或转粟以就民；或高时估以招商，或发官钱以市籴。不幸公私乏绝，计无所出，知民不免于必流，则亟达朝廷，预申于会府，多遣官属分送流甿，纵其所如，随处安插。所至之处，请官庾之见储，官为给散，不责其偿。借富民之余积，官为立券，估以时值。此处不足，又听之他。既有底止之所，苟足以自存，然后校其老壮强弱。老而弱者留于所止之处，壮而强者量给口粮俾归故乡。官与之牛具、种子，趁时耕作，以为嗣岁之计。待岁时可望，然后般挈以归。如此，则民之流移者，有以护送之，使不至于溃散而失所。有以节制之，使不至于劫夺以生乱。又有以还定安集之，使彼之家室已破而复完，我之人民以散以复集。"① 古代中国，灾区饥荒之后，通常疾疫随之。丘濬对灾区瘟疫（疾疫）问题较为关注，他在《大学衍义补》中写道："饥荒之年，人多卖子，天下皆然。而淮以北，山之东由甚。呜呼，人之所至爱者，子也。时日不相见，则思之。挺刃有所伤，则戚之。当时和岁丰之时，虽以千金易其一稚，彼有延颈受刃而不肯与者。一遇凶荒，口腹不继，惟恐鬻之而人不售，故虽十余岁之儿，仅易三五日之食，亦与之矣。此无他，知其偕亡而无益也。然当此困饿之余，疫厉易至相染，过者或不知顾。纵有售者，亦以饮食失调，往往致死。是以荒歉之年，饿莩盈途，死尸塞路，有不忍言者矣。"② 如何预防疾疫？丘濬提出实施预防和分散安置灾民办法："疾疫之灾，多生于凶荒之岁。凡遇荒年，宜预为之防，使之不至于饥饿而内伤，劳苦而外感，积聚而旁染。是亦救荒之一助也。"③

明中叶以来，商品经济发展及市民阶层壮大，以及流民问题、灾荒问题加

---

① 丘濬：《大学衍义补》，京华出版社 1999 年版，第 161 页。
② 丘濬：《大学衍义补》，京华出版社 1999 年版，第 159 页。
③ 丘濬：《大学衍义补》，京华出版社 1999 年版，第 155－156 页。

剧，明朝统治危机与社会危机加深。为了化解明朝统治危机，丘濬从政治高度阐释其"养民"思想，并对君民关系、君臣关系做了深刻反思。如他所言："国之所以为国者，民而已。无民，则无以为国矣。明圣之君，知兴国之福在爱民，则必省刑罚，薄税敛，宽力役，以为民造福。民之享福，则是国之享福也。彼昏暴之君，视民如土芥，凡所以祸之者，无所不至。民既受祸矣，国亦从之。无国则无君矣。国而无君，君而无身与家，人世之祸，孰有大于是哉。"① 丘濬的救灾方略，明显具有成化、弘治时期社会近代化的气息，包括"立政以养民"政治原则及"为民理财"主张，具有时代性。

明中叶社会发展要求儒家思想与时俱进，就儒学本身而言，丘濬作为一代通儒，其政治与经济思想的主旨是通过儒家"治道"与"治法"有机整合而对儒学进行实用化改造。丘濬根据经济社会发展需要，以"养民"思想为救时基本原则及救灾根本方略，以救灾与救时为主要途径而实践之，并以"为民理财"为核心内容，同时提出具体救灾措施以为补充。丘濬救灾思想在方法论上是值得肯定的，也极具时代性，此举当属15世纪后期传统儒学在政治层面及荒政思想领域的自我调适与提升。

第三节　环境威胁与丘濬的生态思想

环境威胁，系指人们因周遭生态环境严重恶化及频繁灾变而给生命安全与健康造成的威胁和恐惧。明中叶以降，特别是成化以来，严重的环境威胁与深层次的社会近代转型所带来的失范问题同时发生且地理耦合，二者进而恶性互动，加重了人们对环境威胁的恐慌心理，也加剧了社会动荡——"成化症候"。

明代处于"明清宇宙期"（又称"明清小冰期"），气候寒冷、干旱。至明中期，气候明显趋冷，明代进入"第四个小冰河期"。具体情况如下表：

明代气温变迁表

时期	气候特征	年平均温度与现代相比
1368—1457 年	寒冷	－1℃

---

① 丘濬：《大学衍义补》，京华出版社 1999 年版，第 120 页。

（续上表）

时期	气候特征	年平均温度与现代相比
1458—1552 年	第四个小冰河期	− 1.5℃
1553—1599 年	夏寒冬暖	− 0.5℃
1600—1644 年	第五个小冰河期	− 1.5℃ — − 2℃

（资料来源：刘昭民《中国历史上气候之变迁》第五章《中国历史上各朝代之气候及其变迁情形》，台湾商务印书馆 1995 年版）

气候寒冷干旱，农业生态环境更加脆弱而不断恶化，自然灾害增多，加之政治黑暗，土地兼并加剧，灾荒严重，自耕农大量破产。

在灾荒折磨下，饿殍遍野，吃人现象出现。明中叶以来，"成化症候"越发明显，且不断加重。是时，灾荒频发，瘟疫屡作，农业生态环境持续恶化，无地少地的广大农民处于破产与死亡"威胁"之中，朝不保夕，心理普遍趋于脆弱与焦虑；城镇商品经济畸形发展，社会转型造成的失范现象增多，奢靡与"僭越"成风，明初以来原本强势的传统价值观念和伦理道德规范渐已失去控制人心的功效，社会充满不确定性，危机重重。至此，明代可谓"祸"不单行，天灾与"人祸"密集袭来，天灾不断加重人们焦虑恐惧的心理，社会失范问题又持续刺激人们的不安全感，二者恶性互动，社会心理表现出普遍性脆弱与紊乱，社会趋于无序。换言之，"成化症候"已经严重威胁明朝的统治安全。

一、生态思想："养民"为核心的价值取向

如何破解"成化症候"？这是关乎明朝命运的重大课题。然而，明中叶以来，政治更加黑暗腐败，皇帝沉迷于晏安享乐，痴迷歌舞升平；官员多尸位素餐，忙碌于政治倾轧与妻妾之间，漠视民瘼，无视时代。换言之，明中叶以来，明朝政府所为与时代趋势相悖，与真实的经济社会生活及民众需求越来越远。"养民"是丘濬生态思想的核心内容与主要价值取向，是救治"成化症候"的要方。

在儒家哲学中，"气"是构成宇宙万物最基本的元素。丘濬继承"气"生

万物说，① 进而探究万物存在的意义。丘濬明言，万物为人而生，人是万物存在的目的，君主承天命以养民为职。丘濬称："天生物以养人，付利权于人君，俾权其轻重，以便利天下之人，非用之以为一人之私奉也。人君不能权其轻重，致货物之偏废，固以失上天付畀之意矣，况设为阴谋潜夺之术，以无用之物而致有用之财，以为私利哉！甚非天意矣。"② 若"天地生物以养人，君为之禁，使人不得擅其私，而公共之可也，乃立官以专之，严法以禁之，尽利以取之，固非天地生物之本意，亦岂上天立君之意哉？"③

要言之，"养民"是丘濬生态思想的核心与依归。究其所以然，民本思想使然，为破解"成化症候"课题使然。在丘濬看来，天灾威胁民生，"人祸"乱民心性，朝廷唯有真正"养民"，明确"天生物以养人"基本关系，以民为本，以富民为目的，大力发展经济，才是化解"威胁"的政治正道与根本途径，才能真正实现"人人有以为生，物物足以资生，家家互以助生，老有养，幼有教，存有以为养，没有以为葬"④ 的治世理想。而"天生一世之物，以供一世之用。人用一世之物，必成一世之事。物各异用，而用之各有所宜"⑤。换言之，丘濬认为万物存在的价值在于"养民"，在于使"人之所以为人"，而君主天职在于上承天命而"养民"，"养民"是丘濬生态思想的主要价值取向。

二、农林水利：丘濬生态思想的主要内容

与当时许多官员空谈"天人关系"不同，丘濬生态思想以"养民"为根本目的，重视民生。如丘濬有言："盖君以养民为职。人君所以储财积谷，凡以为民而已……臣于是知三代盛王，设官分职，积财备用，无非以为民也。后世之所储峙者，专以为宫禁之用，官府之用，兵卫之用，边鄙之用。而所以为民者，特于此数用之外，而别有所谓常平、义社之仓，仅千百之一二耳。吁，先王之所重，后世之所轻；先王之所后，后世之所先。民何幸而生三代之时

---

① 丘濬：《琼台诗文会稿》，内蒙古人民出版社 2002 年版，第 1028 页。
② 丘濬：《大学衍义补》，京华出版社 1999 年版，259 页。
③ 丘濬：《大学衍义补》，京华出版社 1999 年版，263 页。
④ 丘濬：《大学衍义补》，京华出版社 1999 年版，129 – 130 页。
⑤ 丘濬：《大学衍义补》，京华出版社 1999 年版，264 页。

哉。"① 又称："人君受天命以为生民主，乌可付民命于天，而不思所以制之于己哉？制之以己者，奈何？盖民以食为命，资货以生，足其食用，则是延其生命也。"② 而"民之所以为生者，田宅而已。有田有宅，斯有生生之具。所谓生生之具，稼穑、树艺、牧畜三者而已。三者既具，则有衣食之资，用度之费，仰事俯育之不缺，礼节患难之有备。"③ 丘濬生态思想的主要内容是农林水利思想。具体说来，丘濬的农林水利思想主要包括三方面内容：

（一）改造农林生态，改良土壤，因地制宜种植多种农作物，引进高产农作物

丘濬认为："地势多变，天时不常，尽人事者，必随时因势而节宣之，然后尽其用，而利济于无穷焉。"④ 又称："土者，财之所自生。然必修金水木火四者，以相制相助，然后土顺其性而谷生焉。然是土也，则非一等。有所谓山林、川泽、丘陵、坟衍、原隰，五者之不同。其质有肥者焉，有瘠者焉，其形有高者焉，有下者焉，其色又有黄白者焉，有青赤者焉。庶土所生之物，各各不同。"⑤ 换言之，丘濬提出农业生产要符合生态规律，因地制宜，科学种植。除此，丘濬还把积极改造农林生态系统作为一种经营思路明确提出来："地土高下燥湿不同，而同于生物。生物之性虽同，而所生之物则有宜不宜焉。土性虽有宜不宜，人力亦有至不至。人力之至，亦或可以胜天，况地乎？宋太宗诏江南之民种诸谷，江北之民种秔稻。真宗取占城稻种，散诸民间……今世江南之民，皆杂莳诸谷，江北民亦兼种秔稻。昔之秔稻，惟秋一收，今又有早禾焉。二帝之功，利及民远矣。后之有志于勤民者，宜仿宋主此意，通行南北，俾民兼种诸谷。"⑥ 凡此，旨在增加农民收入，增强农林作物的抗灾能力。

（二）丘濬用"可再生"与"不可再生"标准划分自然资源

丘濬明确提出部分自然资源从总量上看是有限的，自然资源分为"可再生"与"不可再生"。丘濬认为人地关系合理是人与自然和谐相处的前提，要

---

① 丘濬：《大学衍义补》，京华出版社1999年版，225页。
② 丘濬：《大学衍义补》，京华出版社1999年版，227页。
③ 丘濬：《大学衍义补》，京华出版社1999年版，130页。
④ 丘濬：《琼台诗文会稿》，内蒙古人民出版社2002年版，第980页。
⑤ 丘濬：《大学衍义补》，京华出版社1999年版，197页。
⑥ 丘濬：《大学衍义补》，京华出版社1999年版，134－135页。

保护"不可再生"资源，节约资源。由此，丰富了生态思想。如丘濬有言："盖天地生物，有生生不已者，谷粟桑麻之类是也。有与地土俱生者，金银铜铁之类是也……岂不以山泽之利，与土地俱生，取之有穷，而生之者不继乎？譬之山林之上，有草木焉，有土石焉，其间草木，取之者俱尽，而生之者随继，故虽日日取之，岁岁取之，而不见其竭也。若夫山间之土石，掘而去之，则深而成洼。昇而去之，则空而留迹。是何也？其形一定故也。"① 同时，丘濬提出自然资源"有限论"，即在具体时段内的自然资源总量是固定的、有限的，不是无限的。所谓："天地生物，止于此数。人力有限，而用度无穷。"② 又，"财者，人之所同欲也。土地所生，止有此数"③。在此基础上，丘濬明言人地关系问题关乎社会治乱，所以人要尊重自然，要与自然和谐相处，而合理分配自然资源是社会安定有序的根本出路。所谓："民生于世，犹泽在地中，泽润乎地而不燥，地容乎泽而不溢，相与含容，而不觉其为多也。泽一出乎地上，则日积月累，其出也无穷尽，其流也无归宿，则必有奔放溃决之虞矣。譬之民焉，当夫国初民少之际，有地足以容其居，有田足以供其食，以故彼此相安，上下皆足，安土而重迁，惜身而保类。驯至承平之后，生齿日繁，种类日多，地狭而田不足以耕，衣食不给，于是起而相争相夺，而有不虞度之事矣。"④

（三）重视水利建设，主张全面治理水环境，综合利用水资源

丘濬从民生角度认识水利与水环境，并从生态视角系统阐述了有关水环境化害为利的主张。丘濬提出："天地间利于民者，莫大乎水，害于民者亦莫大于水。"⑤ 唯有"善用"水利与水环境，才能兴利除害。⑥ 丘濬明言，善用水利的前提，是对水性的正确认识。如他所言："水性就下，遏之则利于旱岁。遇有淋潦，则又或至于淹没焉。是其利害，略相当也。是以善言利者，必因其势，顺其宜，行其所无事。使其旱，则得有所灌，潦则得有所泄。两无害焉。

---

① 丘濬：《大学衍义补》，京华出版社 1999 年版，273 页。
② 丘濬：《大学衍义补》，京华出版社 1999 年版，264 页。
③ 丘濬：《大学衍义补》，京华出版社 1999 年版，200 页。
④ 丘濬：《大学衍义补》，京华出版社 1999 年版，983 页。
⑤ 丘濬：《大学衍义补》，京华出版社 1999 年版，167 - 168 页。
⑥ 丘濬：《大学衍义补》，京华出版社 1999 年版，172 - 175 页。

斯之为利，苟利少而害多。或两无所利害焉。"① 丘濬还从区域经济环境角度认识水利问题。如关于黄河，丘濬称："今日河势与前代不同。前代只是治河，今则兼治淮矣。前代只是欲除其害，今则兼资其用矣。况今河流所经之处，根本之所在，财赋之所出，声名文物之所会，所谓中国之脊者也。有非偏方僻邑所可比，乌可置之度外，而不预有以讲究其利害哉。"②

如何"善用"水利与水环境？丘濬还从创造良好农业生态环境的角度提出积极治理水环境，以实现"养民"效益最大化。其中，丘濬"治黄方案"具有明显的生态思维。他提出："盖今日河流所以泛滥，以为河南、淮右无穷之害者，良以两渎之水，既合为一，众山之水又并以归，加以连年霖潦，岁岁增益，去冬之沮洳未干，嗣岁之潢潦继至。疏之，则无所于归；塞之，则未易防遏，遂使平原汇为巨浸，桑麻菽粟之场，变为波浪鱼鳖之区。可叹也已。伊欲得上流之消泄，必先使下流之疏通。国家诚能不惜弃地，不惜动民，舍小以成其大，弃少以就夫多，权度其得失之孰急，乘除其利害之孰甚，毅然必行，不惑浮议，择任心膂之臣，委以便宜之权，俾其沿河流，相地势，于其下流迤东之地，择其便利之所，就其污下之处，条为数河，以分水势。又于所条支河之旁，地堪种稻之处，依江南法，创为圩田。多作水门，引水以资灌溉，河既分疏之后，水势自然消减。然后从下流而上于河身之中，去其淤沙。或推而荡涤之，或挑而开通之，使河身益深，足以容水。如是，则中有所受不至于溢出，而河之波不及于陆，下有所纳，不至于束隘，而河之委，易达于海……臣亦以谓，开封以南，至于凤阳，每岁河水淹没中原膏腴之田，何止数十万顷？今纵于迤东之地，开为数河，所费近海斥卤之地，多不过数万顷而已。两相比论，果孰多孰少哉？请于所开之河，偶值民居，则官给以地，而偿其室庐。偶损民业，则官倍其偿，而免其租税。或与价值，或助之工作，或徙之宽闲之乡，或拨以新垦之田。"③

此法不仅用于治黄，而是"通用"。丘濬指出："淮南一带，湖荡之间，沮洳之地，芦苇之场，尽数以为屯田。遣官循行其地，度地势高下，测泥涂浅

---

① 丘濬：《大学衍义补》，京华出版社 1999 年版，137 页。
② 丘濬：《大学衍义补》，京华出版社 1999 年版，173 页。
③ 丘濬：《大学衍义补》，京华出版社 1999 年版，173－174 页。

深。召江南无田之民，先度地势，因宜制便，先开为大河，阔二三丈者，以通于海。又各开中河，八九尺者，以达于大河。又随处各开小河，四五尺者，以达于中河，使水有所泄。然后于其低洼不可耕作之处，浚深以为湖荡。及于原近旧湖之处，疏通其水，使有所潴，或为堤以限水，或为堰以蓄水，或为斗门以放水，俱如江南之制。"① 显然，丘濬主张从改良农业生态环境出发治水，增强环境调节水旱的功能，改变当地生物群落结构，变害为利，而不是单纯的为治水而治水。

明初，史称"治世"。如清修《明史》云："洪、永、熙、宣之际，百姓充实，府藏衍溢，盖是时，劝农务垦辟，土无莱芜，人敦本业。"② 由于政治安定、社会稳定、经济向好，和谐与包容成为时代精神主流。是时，人们多信奉"仁者以天地万物为一体"观念，接受"民胞物与"等基本判断，推崇"仁"的境界。明中叶以来，一方面，灾荒加剧，农民贫困化；另一方面，随着商品经济发展，明代社会正酝酿着以单纯追求"财富"为目的、以"物欲"为动力、以求新求变为特质的商业文化精神，传统社会秩序为此受到强烈冲击。凡此，也推动明代生态思想随之嬗变，与时俱进，即自然作为道德共同体的观念发生动摇，生态思想多元发展。其中，儒家传统的"惟人为贵"思想也被重新解读而抽绎"人类中心主义"。丘濬生态思想堪称时代典型，具有明显的"人类中心主义"倾向。

传统儒家思想认为，人是万物之灵，天地间"惟人为贵"。如《尚书》称："惟天地，万物父母；惟人，万物之灵。"③《孝经》提出："天地之性，惟人为贵。"④ 荀子进一步论述："水火有气而无生，草木有生而无知，禽兽有知而无义，人有气、有生、有知，亦且有义，故最为天下贵也。"⑤ 如何理解儒家"惟人为贵"思想的本质，当代学者乔清举认为："儒家关于人的观点确立了人的价值，似是一种人类中心主义的思想。但儒家强调人的价值，只是为了促使

---

① 丘濬：《大学衍义补》，京华出版社1999年版，319页。
② 张廷玉等：《明史》，中华书局1974年版，1877页。
③ 阮元校刻：《十三经注疏》，中华书局1980年版，第180页。
④ 阮元校刻：《十三经注疏》，中华书局1980年版，第2553页。
⑤ 王先谦：《荀子集解》，中华书局1989年版，第164页。

人利用自己的卓异之处去认识、肯定外部世界的价值，并促进这种价值的实现，从而进一步丰富和提升人的价值，而不是为了消灭外部世界的价值。"① 笔者认为，乔先生所论不无道理。然而，思想是经济社会生活的反映，是动态的。到了明中叶，面对"成化症候"，丘濬对"惟人为贵"思想予以重新诠释，具有新的意涵。丘濬有感于社会商品化趋势与严重灾荒问题，为了救时，他倡导"养民"思想，肯定"财利"的民生意义，赞成人们追求"财利"的合理性与重要性，提倡培育市场、发展工商业，并视其为"为民理财"的重要手段。为佐证自己的经济主张，丘濬强调天生万物的目的是"养民"，强调天地是物质的，天地间人最贵，万物以"养民"为目的。如丘濬称："上而天，下而地，万物群生于其中，人为物之灵。"② 而"天生一世之物，以供一世之用。人用一世之物，必成一世之事。物各异用，而用之各有所宜"③。换言之，万物为人而生，人是万物目的。要言之，丘濬生态思想已抽绎朴素的"人类中心主义"，而不是传统"惟人为贵"思想的复述。

事实上，以"养民"为价值取向的生态思想是明中叶比较清醒的士大夫为化解"成化症候"而对"天人之际"的重新解读与界定，实属救时之举，也是传统儒家生态思想顺应时代而自我修正的一次重要尝试。尽管未能化为世功，它的意义在于，以丘濬为代表的儒家知识分子，肩负传统的经世济民使命，置身时代，开始真正从"民"的维度而不是政治维度建构天人关系。要言之，明中叶以来，"成化症候"形成。严重的环境威胁迫使传统生态思想顺应变化，丘濬生态思想最为典型。"养民"是丘濬生态思想的主要价值取向；富有创见的农林生态思想是丘濬生态思想的主要内容。在丘濬的笔下，自然作为道德共同体的观念动摇，"惟人为贵"思想被畸形强化而抽绎为"人类中心主义"。

---

① 乔清举：《儒家生态思想通论》，北京大学出版社 2013 年版，第 281 – 282 页。
② 丘濬：《大学衍义补》，京华出版社 1999 年版，1394 页。
③ 丘濬：《大学衍义补》，京华出版社 1999 年版，264 页。

第七章　阁臣作为与身后时势

晚明是一个特殊的历史阶段，她处于中国传统农业社会早期商业化时代，是一个经济社会生活呈近代化趋向且又在封建政治势力阻遏及频繁灾荒打击下步履维艰、逡巡不前的时代。是时，社会经济生活色彩斑斓，喜忧参半。在生计与危机的夹缝中，明代社会境况江河日下，此间士大夫的救时之举及经世方略此起彼伏。如《大学衍义补》面世，阳明心学传播，张居正改革，东林党与复社的政治担当，以及"利玛窦现象"①的出现。

对于丘濬经世思想的认识，一定要将其置放于晚明这个特殊时代进行分析，不能脱离"实际"而孤立地埋头于纸上文字。为了客观认识与深刻理解丘濬经世思想，我们有必要进行比较研究，即把丘濬经世思想与晚明其他经世救时主张进行比较分析，或者说，有必要了解其他救时经世思想，唯有如此，对丘濬所处的时代及其经世思想的解读才不会陷入"盲人摸象"及"夜郎自大"或者"坐井观天"的境地。

第一节　《明孝宗实录》中的阁臣丘濬

成化二十三年（1487）十一月，时年67岁的丘濬将其所著《大学衍义补》呈予初登皇位的明孝宗。明孝宗对《大学衍义补》赞誉有加，认为该书"览卿所纂书，考据精详，论述该博，有补政治"并命"其誊副本下福建书坊刊行"。

---

① 庞乃明：《试论晚明时期的"利玛窦现象"》，《贵州社会科学》2008 年第 7 期。

同年，朝廷"陞国子监掌监事、礼部右侍郎丘濬为本部尚书，掌詹事府事"①。弘治四年八月，作为《明宪宗实录》副总裁的丘濬再次升官。是月，明孝宗"敕吏部：皇考实录修完。念各官勤劳，监修张懋陞太师仍兼太子太师；总裁刘吉陞少师华盖殿大学士，余兼如故；徐溥陞太子太傅户部尚书兼武英殿大学士；刘健陞礼部尚书兼文渊阁大学士；副总裁丘濬陞太子太保仍兼礼部尚书；汪谐陞礼部右侍郎兼翰林院学士。如敕奉行"。② 弘治四年，明孝宗又命礼部尚书丘濬"兼文渊阁大学士，参预机务"。《明史》称："（明代）尚书入内阁者自濬始，（丘濬）时年七十一矣。"③ 自此，丘濬跻身明朝国家权力中枢系统，达到个人荣誉与政治权力的顶峰。下面主要以《明孝宗实录》为史料来源，管窥丘濬暮年所为。

一、三辞阁臣：不为"身家富贵之谋"

弘治四年（1491）十月，礼部尚书丘濬兼文渊阁大学士，成为阁臣，位极人臣。这段历史，《明孝宗实录》中作了记载："（弘治四年十月甲子明孝宗）敕吏部：'太子太保礼部尚书丘濬兼文渊阁大学士，入内阁参预机务。'濬以老辞。上曰：'卿历年深，特兹擢用，所辞不允。'濬复辞曰：'人臣竭忠以报国必于少壮之时。苟时过，然后用之，则年力衰耄，虽有可用之才、决为之志，亦末如之何已。臣生长荒陬，非有适用之才，循资累考，幸致极品，今年七十有一，古人所谓钟鸣漏尽之时也。所以恳求辞免，非故为矫徵以徼虚名，盖反己内省，自知不足以当朝廷之重任耳！况内阁之任，虽专掌词翰，实兼论思辅弼之任。臣诚不才，自幼亦有志用世，于凡古今典章政务无不蓄于心而笔于书，正以待朝廷万一之用。今幸不为圣明所弃，正撼所学以报国之秋也。顾乃累辞宠命，夫岂本心哉？盖时不待人，死期将至，虽欲陈力就列不能也已。是以捧读手敕，感激之极，不觉涕零。伏望皇上，察由衷之词非虚伪之让，免其职任，放归田里，不胜感戴。'上复曰：'朝廷以卿学行老成，特加任用，所辞

① 《明孝宗实录》卷7，成化二十三年十一月丙辰条。
② 《明孝宗实录》卷54，弘治四年八月戊辰条。
③ 张廷玉等：《明史》，中华书局1974年，第4809页。

不允.'"① 实际上,《明孝宗实录》所载内容是丘濬辞呈的"删减版",漏掉了许多信息和文字。丘濬《琼台诗文会稿》收录了其三次向明孝宗所呈辞任阁臣的奏疏。明孝宗于弘治四年十月二十四日,任命丘濬为文渊阁大学士,成为阁臣。丘濬于弘治四年十月二十五日上呈《入阁辞任第一奏》,弘治四年十月二十七日上呈《入阁辞任第二奏》,弘治四年十月二十九日上呈《入阁辞任第三奏》。事不过三,丘濬三上辞呈,足见他的决心。丘濬辞呈写得情真意切,真诚负责。全文引录如下:

入阁辞任第一奏

奏为陈情乞恩辞任事:臣先以年逾七旬,三次具本陈情,乞恩休致,未尝允许。臣祇奉诏旨,不敢固辞,扶病莅事。少待来春河冻开时,再行陈乞。本年十月二十四日"吏部奉敕太子太保礼部尚书丘濬,著兼文渊阁大学士内阁办事,钦此"。钦遵。顾臣何人,敢膺此任。方臣强壮之时,反躬自省,尚不敢受此重任。况当衰老之年,垂死之日。屡陈求退,反得超升进之密勿之地,委以机务之重,力小任大,必至颠覆。当夫群贤布列之时,用此尪羸无用之老,朝野传闻莫不惊骇。臣闻年至七十,古人谓稀,居家则当传于子,在官则当致其事。臣年至是,筋力既衰,精神益耗,事多健忘,转首失记,举措语言动多差失。加以百病交攻,四肢疲倦,顷因纂修过用目力,遂致一目青盲。他人见之,虽若目光如故。其实昏瞙,视物不辨黑白。行为不知轻重,拜起艰难,时忽倾跌。且禀赋素薄,脾胃怯弱,日所食米不过半升。事务简少,尚可支持。若当剧要之任,食少事繁,势不能久。凡臣所陈举皆实事,众所共知。伏望皇上鉴愚臣之真情,特垂哀悯,使得保其残生,念国家之大计,别加择任,使不致于覆𫗧,收回成命,允臣所辞。非敢爱身,实恐误国,不胜悚惧待罪之至。奉圣旨:"卿历任年深,兹特擢用,不允所辞,吏部知道。钦此。"②

---

① 《明孝宗实录》卷56,弘治四年十月甲子条。

② 丘濬:《琼台诗文会稿》,内蒙古人民出版社2002年版,第513页。另注:入阁之前,丘濬因身体衰病,曾三次上呈辞呈,恳请皇帝允其致仕,告老还乡。明孝宗均未允许。故而丘濬《入阁辞任第一奏》中有"三次具本陈情,乞恩休致"文字。

入阁辞任第二奏

本年十月二十四日，钦蒙圣恩，命臣以本职兼文渊阁大学士内阁办事。臣已于二十五日具本控辞，钦奉圣旨："卿历任深，兹特擢用，不允所辞，钦此。"钦遵。臣闻人臣竭诚尽忠以报国，必于少壮之时，强力之日，其力既足以有为，其势又足以有待，然后能谟谋参赞，以成一代之治。苟或时过，然后用之，则年既耄矣，力既衰矣，不幸而有疾疢，加之虽有可用之才、决为之志，势不可强，时不再来。虽有才智机巧，亦末如之。何也？已矣。仰惟我太宗皇帝，首擢儒臣七人者，直内阁预闻机务。自永乐初至今，已七十余人，是皆海内名流，有德有学之士。方其进用之初，率皆年力精壮，耳目聪明，积历久而委任深，故能禅赞以成治功。如臣者生长荒陬，资禀庸下，粗知章句之末，非有适用之才，徒以积资累考，徼幸至于极品，所任皆非要剧之地，故能因循以至致事之期。今犬马之齿七十有一矣，年岁已去，病势日加，无能为之力，无可待之势，古人所谓日暮途穷，钟鸣漏尽之时也。臣所以不避严诛，恳求辞免，非是故为矫激之行，舍日欲之而必为之辞，以徼虚名，盖反己内省，的然自知不足以当朝廷重任，恐误国家之事，负明主之知。且内阁所办之事，乃国家大制作，大政务，大典礼，虽专词翰之职，实兼辅弼之任，眷顾之隆，恩典之厚，比诸庶僚悬绝之甚。是盖当代仕宦之阶第一选也，须得第一流人物，然后可以当此仕。苟加之过疏衰朽之夫，非惟有玷名器，且将至于覆公悚矣，其所关系非小小也。夫学而为儒，得以所学为圣明之用，处论世之地，近天日之光，此人生之至荣，儒者之大幸。惟恐无阶而进，孰肯既与而辞。况臣幼有志用世，于凡古今典章政务无不留心，窃恐一旦为时所用，心有所不知，则事有所不行者，以故逢人即问，见事即录，校阅载籍，稽考制度，审究事体，蓄于心而笔于书，正以待夫朝廷万一之用。今幸不为圣明所弃，正臣竭诚尽力，摅平生所学，以死报国之秋也。顾乃屡行奏章，以辞宠命，夫岂其本心哉。盖时不待人，死期将近，虽欲陈力就列不能也。已是以捧读手敕，感激之极，不觉泪零。既而自恨自叹，儒生薄命一至于此，上负皇恩，下孤素志，兴言及此，中心悯然。伏望皇上察臣由衷之辞，实非虚伪之让，悯其老病，赐以生还，不但免其职任，且复放归田里，臣不胜感激天恩之至。奉圣旨："朝廷以卿学行老成，特加任用，所辞不允，钦此。"①

入阁辞任第三奏

本月二十四日钦奉手敕，命臣於内阁办事。二十五日，臣具本陈情辞免，未蒙俞允。二十七日，有具本辞，钦奉圣旨："朝廷以卿学行老成，特加任用，所辞不允，钦此。"钦遵。臣按，礼经让之三也，象日月之三日而成魄也。古人辞让以三为节。初辞为礼辞，再辞为固辞，三辞为终辞。辞而至於三，必其情真意切，而有不容已者矣。臣尝观宋神宗朝，欧阳修乞致仕章凡五，司马光辞枢密副使凡六，上皆从其请。臣虽不敢上比古人，然修与光所事者神宗，是时专任王安石创行新法，二人者与时不合，故欲辞退。臣幸遇皇上不世出之主，恭默思道，求贤图治，非神宗之所能仿佛，而又群臣和于朝，一时共事者皆同寅协恭，无有异同，臣何故乃敢故违诏旨，而决欲求去哉。且臣历官三十余年，久寻常调。皇上嗣登实位之初，未经两月，即起升为礼部尚书掌詹事府。臣进所纂《大学衍义补》，仰尘睿览，厚加赐赉，又有"考据精详，论述该博，有补政治"之褒，命下书刊行天下。既而纂修《宪宗皇帝实录》，命臣充副总裁。书未进呈，臣以年至七十，乞恩休致。又蒙圣恩，令臣朔望朝参以终史事。史成之后，钦升太子太保。三次上章乞归田里，屡蒙圣旨勉留，而有"年德学行老成，特兹留用"之谕。兹者特降内阁办事，敕臣再上章辞免，俱蒙诏旨温谕，未赐俞允。仰惟皇上临御，四年之间，所以惓惓于臣者如此，臣非木石，岂不知感杀身以报亦所甘心，良以禁秘论思密勿之地，天下治乱安危所系，非休老养病之所也。臣学本空疏，实无定见。方年少气锐之时，亦欲奋发有为，今则阅世久，而历事多，始知天下之事，思之非不烂熟，但恐做时不似说时，人心不似我心。机务

---

① 丘濬：《琼台诗文会稿》，内蒙古人民出版社 2002 年版，第 514–515 页。

之来，苟非熟思而审处之，一言失当，或以贻四海之忧；一事误处，或以为无穷之害。然事务头绪多端，章奏字画细渺，有非老人心志摧颓，目力昏耗者之所能干也。若不反己自揣，而冒昧以尝试之，则是为身家富贵之谋耳，国家事大，身家事小，岂敢以草木微渺之躯，当国家重大之任。臣委实衰老，日甚一日，食少事烦，自知不久于人世。若使逐日午时趋朝，晡时方退，自量筋力必不能支。设使真有益于明时，粉身碎骨，亦所不辞。臣实自知决无所补，恐有负皇上之所委任，误国家之大事，妨天下之贤才，臣于严命以死为期，不敢祗受。臣窃原皇上所以用臣之意，盖九重清闲之燕，或尝留神于臣所进《大学衍义补》之书也。臣平生精力尽在是书，苟有所见，皆不外此万一，或为圣明所取。每因一事，辄捡一类，采于十百之中，用其一二之见，则虽不用臣身，而用臣言，有胜于臣身，见用而赐以高爵厚禄万万也。苟徒富贵其身，而拾弃其言，则是臣徒窃国家之名器，冒朝廷之恩典，以为身家计，有臣如此，亦何用之。伏望圣慈，将臣前后所陈情词省览，悯臣中心血诚，收回成命，听臣以礼致仕，归老丘田，歌咏太平，以为圣世之全。臣屡犯天威，罪当万死，不胜恐惧待罪之至。奉圣旨："朝廷用人，已有敕旨，卿当勉图报称，不许固辞。该部知道。"①

丘濬三上辞呈，乞恩明孝宗辞去其阁臣之职，允其告老还乡。丘濬所请，均为孝宗所否。当然，不是明孝宗不晓得丘濬年老体衰的事实，而是朝廷用人之际，丘濬堪任阁臣。衰病缠身的阁臣丘濬，唯有入阁办事。如丘濬在《入阁谢恩表》中所写"苦无奈恩深义重，而无以为报，敢不委身徇国，自顶至踵，毕以献于官家。"具体内容如下：

入阁谢恩表

臣惟内阁深严之地，视前朝政事之堂，有辅相之实而无其名，掌丝纶之制，而参夫政，必有相业如丙魏，笔刀如欧苏，皆能兼二者之

---

① 丘濬：《琼台诗文会稿》，内蒙古人民出版社 2002 年版，第 516－518 页。

长，斯可赞万几之治。有如臣者，无学无才，既衰既病，自分生身于遐僻，遂甘绝意于攀缘。既无左右之先容，亦靡臣僚之推毂，乃蒙圣天子之亲擢，晋陟大学士之华阶。方前星瑞世之初，适弥月普庆之旦，特颁手敕，扬于明廷。老朽无能，三疏之情词虽恳，圣心简在九重之定命不移。遂令荒陬迂僻之孤生，亦预延阁论思之要务。望大逾于分外，义诚激于胸中，老忘其衰，喜极而泣。顿振起其衰落既摧之气，复动发其少壮有为之心。非不知力小任大，而有所不胜。苦无奈恩深义重，而无以为报，敢不委身徇国，自顶至踵，毕以献于官家。以道事君，非义与仁不敢陈与帝宸。叩囊底之余智，尚或可为。庶纸上之陈言，不为徒托。虽曰途穷日暮，决不至于倒行逆施。但恐食少事烦，弗得久于陈力，就列守宣尼在得之戒，老矣何求。奉微子自献之身，死而后已。所虑臣年已老，臣病日加，志欲为而气力不克，机可乘而岁月不待。有如伏枥老骥，志虽存乎千里，而力已难驰。铩羽倦禽，脰徒奋乎一鸣，而飞不能远，终致困踬之失，有孤豢养之恩。与其姑试之于衰朽之余，曷若保全之于宽闲之野。谨因陈谢，更冀慈怜，臣感戴天恩，无任激切屏营之至。谨具表陈谢以闻。①

二、阁臣丘濬的作为

对孝宗皇帝的重用，丘濬心怀感激。少年时经世济民的理想，在经历了漫长的以编修撰写为职业的仕途苦旅，一朝终于跻身明朝国家政治中枢，参与决策，经天纬地，经世济民。然而，诚如他在《入阁谢恩表》中所言："臣年已老，臣病日加，志欲为而气力不克，机可乘而岁月不待。有如伏枥老骥，志虽存乎千里，而力已难驰。铩羽倦禽，脰徒奋乎一鸣，而飞不能远，终致困踬之失，有孤豢养之恩。"②丘濬所言非虚，衰老疾病缠身，日甚一日。对他而言，内阁岁月是一种痛，一种无法作为的痛。如丘濬在《内阁晚归口号》所云：

---

① 丘濬：《琼台诗文会稿》，内蒙古人民出版社2002年版，第577－578页。
② 丘濬：《琼台诗文会稿》，内蒙古人民出版社2002年版，第578页。

未晓趋朝向晚归，还如胄监坐班时。

自知日暮当求退，肯为途遥便逆施。

有制草时才已涩，得书观处眼生眵。

圣恩深重无由报，仰面看天但泪垂。①

从《内阁晚归口号》中，我们所读出的，是一位苍老且体弱多病的老人，重任在肩，却为身心不济而"仰面看天但泪垂"的无奈。丘濬在内阁主要做什么？我们从《明孝宗实录》中摘出相关文字，按时间先后罗列，一目了然。

弘治四年十二月，内阁大学士丘濬上呈《欲择〈大学衍义补〉中要务上献奏》。奏云：

臣之蠢愚，岂敢上比古人。但所进《衍义补》一书，实自幼殚力竭神以成者。今蒙明主不弃，进臣内阁，预闻机务，臣书遭逢施用之日也……其中所载，虽皆前代之事，而于今日急先切要之务，尤加意焉。臣年踰七十，钟鸣漏尽，所余无几时，否则将有后时之悔。请择书中切要之语，今日可行者，芟繁会缀，以为奏章，酌量先后次序，陆续上献。乞赐御札，会同内阁二三儒臣，斟酌处置，拟为诏旨，传出该部施行。或有窒碍，或姑留俟后时，或发下再加研审。臣决不敢护短求胜，果于必行，掠取一己虚名以误国家大计。上曰："谟猷入告，乃大臣职任。卿究心当世之务久矣，今欲有言，即其具疏以闻，朕将采而行之。"②

弘治五年，上《论厘革时政疏》，上《乞严禁自宫人犯奏》，上《请建储表》《请建储表二》《请建储表三》。

弘治五年五月，内阁大学士丘濬上呈《请访求遗书奏》，奏言：

人君为治之道，非止一端，然皆一世一时之事。惟所谓经籍图书

---

① 丘濬：《琼台诗文会稿》，内蒙古人民出版社2002年版，第440－441页。

② 《明孝宗实录》卷58，弘治四年十二月甲子条。

者，乃万年百世之事，是皆自古圣帝、明王、贤人、君子精神心术之微，道德文章之懿，行义事功之大，建置议论之详，今世赖之以知古，后世赖之以知今者也。凡历几千百年而后至于我今日，而我今日不有以修辑整比之，使其至今日而废坠放失焉？后之人推厥所由，岂不归其咎于我哉！是以自古帝王任万世世道之责者，莫不以是为先务。①

弘治五年七月：

> 癸巳，内阁大学士丘濬复以疾乞致仕。上曰："朕以卿文学老成，方隆委任，有疾宜善调理，不允休致。"②

弘治五年八月：

> 辛丑，内阁大学士丘濬复两疏乞致仕。上曰："朕擢卿重任，当勉图尽职，岂可累以目疾求退，今后凡大风并雨雪日俱免早朝。"③

弘治六年五月：

> 丙戌，命大学士丘濬暂免朝参，仍日赴内阁供事，以濬自陈有目疾故也。④

弘治六年七月：

> 甲寅，大学士丘濬乞休致。上曰："卿宜尽心职务，毋以人言辄

---

① 《明孝宗实录》卷63，弘治五年五月辛巳条。
② 《明孝宗实录》卷66，弘治五年七月癸巳条。
③ 《明孝宗实录》卷66，弘治五年八月辛丑条。
④ 《明孝宗实录》卷75，弘治六年五月辛丑条。

自求退，所辞不允。"①

弘治六年七月：

　　壬戌，大学士丘濬再乞致仕。上曰："卿文学老成，近已有旨勉
留，有疾宜善调理，不允休致。"②

弘治六年八月：

　　庚辰，大学士丘濬复以老疾乞致仕。上曰："卿年虽老，筋力未
衰，宜勉供职，不允所辞。"③

弘治七年二月：

　　辛未，大学士丘濬再乞致仕，不允。④

弘治七年二月：

　　庚辰，大学士丘濬再乞致仕。上曰："卿老成谙练，已有旨勉留
供职，不允所辞。"⑤

弘治七年二月：

　　壬戌，上御奉天殿，传制遣保国公朱永为正使、太子太保礼部尚书

①　《明孝宗实录》卷78，弘治六年七月辛丑条。
②　《明孝宗实录》卷78，弘治六年七月壬戌条。
③　《明孝宗实录》卷79，弘治六年八月庚辰条。
④　《明孝宗实录》卷85，弘治七年二月辛未条。
⑤　《明孝宗实录》卷85，弘治七年二月庚辰条。

兼文渊阁大学士丘濬为副使，持捧节册，为益王妃行纳徵发册等礼。①

弘治七年，上《请昧爽视朝奏》。
弘治七年七月：

> 乙丑，内阁大学士徐溥、丘濬、刘健三年秩满。上降手，敕溥加少傅兼太子太傅吏部尚书谨身殿大学士，濬加少保兼太子太保户部尚书武英殿大学士，健升太子太保兼礼部尚书武英殿大学士。溥等同具疏辞。上曰："卿等辅导有年，特加升秩，宜尽心供职，所辞不允。"②

弘治八年正月：

> 壬寅，大学士丘濬乞致仕。上曰："卿有疾，已尝命医调治。今未愈，宜再加调理，不允休致。痊可之日，免朝参，赴阁办事。"③

弘治八年正月：

> 癸丑，大学士丘濬以病满三月请停俸。上曰："丘濬既病未痊，令在任调理，俸不必住。"④

弘治八年二月，丘濬逝世，时年75岁。《明孝宗实录》中相关记载内容如下：

> 少保兼太子太保户部尚书武英殿大学士丘濬卒。濬，字仲深，广东琼山县人，正统九年乡贡第一，景泰五年进士，改翰林院庶吉士，与修《寰宇通志》成，擢编修。宪庙初开经筵，充讲官，秩满升侍

---

① 《明孝宗实录》卷85，弘治七年二月壬戌条。
② 《明孝宗实录》卷91，弘治八年七月乙丑条。
③ 《明孝宗实录》卷96，弘治八年正月壬寅条。
④ 《明孝宗实录》卷96，弘治八年正月癸丑条。

讲。修《英庙实录》成，升侍讲学士；修《续通鉴纲目》成，升国子监祭酒，加礼部右侍郎。上即位，以所著《大学衍义补》进，升礼部尚书，掌詹事府事。修《宪庙实录》充副总裁，笔削褒贬，多其手出。《实录》成，加太子太保。未几，命兼文渊阁大学士，入内阁参预机务。三载升少保，仍兼太子太保，改户部尚书武英殿大学士，寻特授光禄大夫柱国。至是卒，辍朝一日，赐赙及祭葬如例，赠特进左柱国太傅，谥文庄，遣行人归其丧，官其孙瓒为尚宝司丞。濬天资奇绝，少有重名，两广用兵，上书大学士李贤，陈方略数事。贤上之朝，以付总帅，寇平多其策。时经生为文以奇怪相高，濬考南京及会试，示以取舍；及为祭酒，尤谆谆为学者言之。能鼓舞诱掖，以兴士类。及入阁，上二十余事，陈时政之弊，且请访求遗书。上皆嘉纳。与吏部尚书王恕不协，御医刘文泰之讦恕也，时议汹汹，谓濬嗾之。文泰下狱，词果连及濬。濬亦抗疏自辩，上置不问。然人自是皆不直濬矣！濬博洽多闻，虽僻事俚语，类多谙晓，为文章雄浑畅达，下笔衮衮数千言，若不经意，而精采逸发。所着有《家礼仪节》《世史正纲》行于时。顾论议颇僻，至以范仲淹为矫激，秦桧和议为得宜，识者盖不能无憾云！①

年过古稀的丘濬在内阁时间较短，其间又是疾病缠身，一目近乎失明。然而，丘濬拖着老病之躯，积极谋事，"上二十余事，陈时政之弊，且请访求遗书"②。丘濬暮年在内阁的人生感悟，当在位极人臣的荣耀与经世济民壮志未酬的失落之间徘徊。有一些无奈，也有一些不甘，还有一些自得。人生至此境界，百感交集。通过丘濬留下的诗文，可以窥得其"情愫"一角。如弘治七年（1494），时年七十四岁的丘濬已是泰然面对个人生死，然而内心还是流露出了一丝愁绪。如他在《甲寅初度》诗中写道："人生七十古来稀，我度稀年又四期。窃比梦楹加一岁，如方易箦活多时。平生切切怀三戒，此日休休有力宜。所欠是归兼是死，四分百岁过三之。"③

① 《明孝宗实录》卷97，弘治八年二月戊午条。
② 《明孝宗实录》卷97，弘治八年二月戊午条。
③ 丘濬：《琼台诗文会稿》卷5，内蒙古人民出版社2002年版，第460页。

137

第二节　丘濬身后的晚明

　　丘濬身后，一方面，传统社会道德与价值观念受到强烈冲击，"礼崩乐坏"，社会失范现象严重。另一方面，灾荒瘟疫肆虐，农民贫困化加剧，"灾害型社会"形成并持续恶化，流民问题成为严重的全国性的社会问题，明朝统治危机与社会危机恶性互动，加深加重，矛盾重重。至此，大明帝国已经走入死胡同，随之而来的是土崩瓦解。从社会角度来看，明王朝的覆灭，属于传统社会经济间歇性"休克"，也是传统社会经济发展的必然。早在成化时期，丘濬已经看到明代社会的"绝症"所在。在《大学衍义补》中，丘濬全面检讨明初以来政治、经济、思想文化、军事、法律、教育、民族等方面存在的问题，并提出具体的解决方案。其中，丘濬关于"立政以养民"及"为民理财"的救时方案，当属对症下药。问题在于，此药方不能为最高统治者及统治集团大多数人所接受，不是因为他们"近视"，而是因为他们既得利益至上，且形成盘根错节的关系。故而，丘濬的"良方"被束之高阁，终成纸上文字。历史不能假设，但可以比较。如果从丘濬生前的经济社会环境维度解读其经世思想，可以得出它的前瞻性与合理性的结论；如果从丘濬身后的明代经济社会环境变化实况来反观其经世思想的重要性与深刻性，应该更有说服力。下面沿着这种"反观"思路，从丘濬身后，即弘治中后期以降的明代经济社会发展态势与处境着眼，反观丘濬经世思想的重要性与深刻性，以及时代性。明代仍是乡村制导的传统社会，"乡村社会"一直是左右明代社会治乱及政权安危的决定性力量；成化以降，天灾则成为左右明代乡村社会治乱之要素，明代社会也沦为"灾害型社会"。换言之，成化以来的明代社会，已是"灾害型社会"。

一、灾荒肆虐，社会为灾害所迫

　　由弘治而正德（1506—1521）而嘉靖（1522—1566），大明帝国各地水旱相仍，瘟疫高发。由于政府财力日蹙，救荒多为空谈，饥荒连年。弘治三年（1490），大臣马文升在《恤民弭灾再奏疏》中称："民财既竭，一遇水旱灾伤，流移死亡，饿殍盈途，所不忍言。加以官吏之贪酷，惟知催科之紧迫。小民困苦无所控诉，嗟怨之声上彻于天，灾异之召实由于此。况近来内府各衙门坐派诸色物料，供应牲口等项，较之永乐、宣德、正统年间，十增其三四。该部依数派去，有司征收急于星火。北方之民别无恒产，止是种田，既要完纳粮草，又要备办料征。收成甫毕，十室九空，啼饥号寒，比比皆是。即今河南、山东、陕西、山西及南直隶、扬州等府，俱被旱灾，又多蝗蝻生发，加以官府追征递年拖欠钱粮及买办等项。小民变卖田产已尽，计无所出，逃亡数多，倘来春青黄不接，所在仓廪空虚，无所赈济，其势必至人自相食，而意外之虞遂起，赈救之储不可不豫。"① 正德七年（1512），兵部尚书何鉴称："山东、川、陕、河南、江西盗贼已平，但久罢兵燹后，井邑萧条，加以饥馑，民不聊生。浙江虽少宁谧，又值岁歉、海溢、疫疠，死亡亦不减。被兵之处，若复诛求，何以堪命。况解散群盗反侧未安，一夫倡之而起，其祸殆有不可言者。"② 正德十五年（1520）初，户部官员奏称："淮、扬等府大饥，人相食。自去冬以来，屡行赈贷，而巡抚都御史丛兰、巡按御史成英犹以赈济不给为言。"③ 正德十六年（1521）初，大学士杨廷和等言："今各处地方水旱相仍，灾异迭见，岁用钱粮，小民拖欠数多，各边军士月粮经年无支，该镇奏讨殆无虚日，欲征之於民，而脂膏已竭；欲取之於官，而帑藏已空。闾阎之间，愁苦万状，饥寒所逼，啸聚为非者在在有之。其畿内州县及山东、河南、陕西等处盗贼，百十成群，白昼公行劫掠，居民被害，商旅不通。"④

至嘉靖时期，许多灾区处于灾民激变边缘，灾区民生甚至达到令人恐惧的程度，一些灾区社会"景观"有如"地狱"。如嘉靖初（1522），江南闹水灾，大学士杨廷和等称是年"淮扬、邳诸州府见今水旱非常，高低远近一望皆水，军民房屋田土概被渰没，百里之内寂无爨烟，死徙流亡难以数计，所在白骨成堆，幼男稚女称斤而卖，十余岁者止可得钱数十，母子相视，痛哭投水而死。官已议为赈贷，而钱粮无从措置，日夜忧惶，不知所出。自今抵麦熟时尚数月，各处饥民岂能垂首栲腹、坐以待毙？势必起为盗贼。近传凤阳、泗州、洪

---

① 马文升：《恤民弭灾再奏疏》，载清高宗敕选：《明臣奏议》卷7，王云五主编：《丛书集成初编》第0914册，商务印书馆1935年版，第117-118页。

② 《明武宗实录》卷92，正德七年九月乙未条。

③ 《明武宗实录》卷185，正德十五年四月己未条。

④ 《明武宗实录》卷196，正德十六年二月乙巳条。

泽饥民啸聚者不下二千余人，劫掠过客舡，无敢谁何"①。嘉靖三年（1524）初，明世宗敕谕群臣曰："近来江北、江南并湖广等处水旱相仍，地方饥馑，人民相食，所在盗贼成群，应天、凤阳并河南、山东、陕西等处元旦同时地震，方冬雷电交作，山崩地陷，灾变非常。近日京城风霾蔽天，春深雨泽愆期。"② 又，史载："嘉靖三年，南畿诸郡大饥，人相食。巡按朱衣言，民迫饥馁，娄妇刘氏食四岁小儿，百户王臣、姚堂以子鬻母，军余曹洪以弟杀兄，王明以子杀父。地震雾塞，弥臭千里。时盗贼蜂起，闽广青齐豫楚间，所在成群；泗州洪泽，江洋盗艘，动以数千。"③ 是时，一遇灾荒，灾区人心惶惧，灾区附近城乡亦是人心惶惶。嘉靖十二年（1533）九月，"是岁，北直隶、山东地方旱蝗、民饥，人心汹汹。讹言盗至，或云起武城，或云起南宫。各郡邑城门有昼闭者，流闻京师兵部议行所在抚臣选兵督饷，克期靖剿"④。由于朝廷与地方政府的灾荒控制能力殆尽，实则等同于听任灾荒漫延。嘉靖十八年（1539）十月，户部左侍郎兼右佥都御史王杲上言："救荒当如救焚。今河南灾甚，奏报死亡已十万有余，其存者冀旦夕得升合以延残喘，彼处仓库所贮钱谷未必足用。"⑤ 嘉靖三十二年（1553）四月，"初，山东、江北连岁水旱，饥民蜂起为盗。剧贼时洲、时恺、马爱等各聚众数百人流劫沂、邳间，烧毁泇口镇，地方甚被其害。巡按直隶御史李逢时以闻。诏停山东、淮安抚臣沈应龙、连矿及兵备等官俸，令克期平定。至是，山东麦收甚穰，饥民多归就业，应龙等复檄许群盗自首，于是贼势衰耗，诸首恶多就擒，应龙等以事平具闻，诏斩所擒获诸盗，而贷其自首者。命应龙等支俸如故。然应龙苟爱无事，诸贼来首者虽凶迹章灼，皆贷不问，而民间受害家属稍行捕报，即痛治以刑。由是贼党骄矜，良民丧气，而所在剽掠公行矣"⑥。嘉靖三十二年六月，南京科道祁清、徐栻各奏言："迩因山东徐邳岁荒，特轸圣慈，遣重臣赈恤，第今天下被灾之

---

① 《明世宗实录》卷34，嘉靖二年十二月庚戌条。
② 《明世宗实录》卷36，嘉靖三年二月庚申条。
③ 陈仁锡：《荒政考》，李文海、夏明方主编：《中国荒政丛书》（第一辑），北京古籍出版社2002年版，第543页。
④ 《明世宗实录》卷154，嘉靖十二年九月丁卯条。
⑤ 《明世宗实录》卷230，嘉靖十八年十月丁丑条。
⑥ 《明世宗实录》卷397，嘉靖三十二年四月壬午条。

地，不独山东徐邳为然。若南畿、山西、陕西、顺德等府及湖广、江浙所在凶歉，或经岁恒旸，赤地千里；或大水腾溢，畎亩成川；或草根木皮，掘剥无余，或子女充飧，道殣相望。其归德、滕、沂诸处，则盗贼公行，道路梗塞；大江以南，苏、松滨海诸处，则倭夷狂噬，井邑丘墟。饥馑、师旅交兴沓至。非破格蠲赈，不足以苏民穷而延国脉也。"①

嘉靖末年以来，"三荒"问题普遍化，"灾害型社会"进入定型阶段。如时人林俊（1452—1527）称："近年以来，灾异迭兴，两京地震……陕西、山西、河南连年饥荒，陕西尤甚。人民流徙别郡，京、襄等处日数万计。甚者阖县无人，可者十去七八，仓廪悬磬，拯救无法，树皮草根食取已竭，饥荒填路，恶气熏天，道路闻之，莫不流涕。而巡抚巡按三司等官肉食彼土，既知荒旱，自当先期奏闻，伏候圣裁。顾乃茫然无知，恝不加意，势至若此，尚犹顾盼徘徊，专事蒙蔽，视民饥馑而不恤，轻国重地而不言。"② 又如，嘉靖时期，大臣费宏（1468—1535）在《两淮水灾乞赈济疏》中亦言："窃见今年以来，四方无不告灾，而淮扬庐凤等府、滁徐和等州其灾尤甚。臣等询访南来官吏，备说前项地方自六月至于八月数十日之间，淫雨连绵，河流泛涨，自扬州北至沙河，数千里之地，无处非水，茫如湖海。沿河居民，悉皆淹没。房屋椽柱，漂流满河。丁壮者攀附树木，偶全性命，老弱者奔走不及，大半溺死。即今水尚未退，人多依山而居，田地悉在水中，二麦无从布种，或卖鬻儿女，易米数斗，偷活一时；或抛弃家乡，就食四境，终为饿字，流离困苦之状所不忍闻……盖小民迫于饥寒，岂肯甘就死地，其势必至弃扰锄而操挺刃，卖牛犊而买刀剑，攘夺谷粟，流劫乡村。虽冒刑宪，有所不恤。啸聚既多，遂为大盗，攻剽不已。"③

万历时期（1573—1620），明朝政治腐败与阶级矛盾激化，"灾害型社会"区域扩大化，灾荒问题全国化，社会动荡加剧。万历十年（1582）五月，户科给事中顾问言："顺天等八府自万历八年雨赐愆期，收成寡薄。至（万历）九年、十年，恒旸肆虐，禾苗尽槁，菽麦无收，穷困极矣。兼以额办钱粮追征紧

---

① 《明世宗实录》卷399，嘉靖三十二年六月戊寅条。
② 陈子龙：《明经世文编》，中华书局1962年版，第767－768页。
③ 陈子龙：《明经世文编》，中华书局1962年版，第856页。

急，尺布斗粟尽以输官，大牲小畜悉行供役，村店萧条，杼轴虚竭，是以民有菜色，元气重伤，天降灾星，蔓延益烈，生者逃移，死者枕藉，见之伤心，闻之酸鼻。其在真、大一带尤甚。迩闻钜鹿县等处群盗蜂起，方巾绣服大剑长枪，凡中产之家夤夜劫掠，即以其所劫之财施济老弱，收录壮锐，此其祸故不小也。"① 社会动荡不已，人心思乱。万历十四年，兵部题："为传奉敕谕，所有捕盗事宜应加申饬。夫民穷生乱，势所必然。思患预防，时不容懈。今陕西有回夷流劫之乱，山西有矿贼聚扰之乱，河南有饥民抢麦之乱，直隶有树旗剽掠之乱。其他有御人于国门之外者，有纷争攘夺而罢市者，有谓做贼死不做贼亦死而号召结聚者，况白莲教、无为教等往往乘间窃发，而盐徒矿徒等每拒捕伤人，万一啸聚，号召必至，流毒移害。"② 万历二十七年（1599），大臣冯琦（1558—1604）上疏，揭示了当时足以摧毁大明王朝的各种危机：灾荒频发，苛捐杂税沉重，民众贫困化，人心思乱，民众反抗情绪强烈，社会动荡，民心已去。一言以蔽之，明朝完全陷入了"灾害型社会"。如冯琦称："自去年（万历二十六年）六月不雨，至于今日三辅嗷嗷、民不聊生，草茅既尽，剥及树皮，夜窃成群，兼以昼劫，道殣相望，村突无烟。据巡抚汪应蛟揭称，坐而待赈者十八万人。过此以往，夏麦已枯，秋种未布，旧谷渐没，新谷无收，使百姓坐而待死，更何忍言？使百姓不肯坐而待死，又何忍言？京师百万生灵所聚，前，居民富实，商贾辐辏；迩来消乏于派买，攘夺于催征。行旅艰难，水陆断绝。以致百物涌贵，市井萧条……数年以来，灾儆荐至。秦晋先被之，民食土矣；河洛继之，民食雁粪矣；齐鲁继之，吴越荆楚又继之，三辅又继之。老弱填委沟壑，壮者展转就食，东西顾而不知所往……加以频值四夷之警，连兴倾国之师，车辚马萧，行赍居送；按丁增调，践亩加租，试取此时租赋之额，比之二十年以前不啻倍矣！疮痍未起，呻吟未息，而矿税之议已兴，貂珰之使已出。不论地有与无，有包矿包税之苦；不论民愿与否，有派矿派税之苦。指其屋而挟之曰，彼有矿，则家立破矣！指其货而吓之曰，彼漏税，则囊立倾矣！以无可稽查之数，用无所顾畏之人，行无天理无王法之事。大略以十分为率，入于内帑者一，克于中使者二，瓜分于参随者三，指骗于土棍者四。

---

① 《明神宗实录》卷124，万历十年五月庚辰条。
② 《明神宗实录》卷176，万历十四年七月壬子条。

而地方之供应，岁时之馈遗，驿递之骚扰，与夫不才官吏，指以为市者，皆不与焉……自古天下之乱阶，皆始于民心之离逖。离而后有怨咨，怨而后有愤恨，愤恨而后有流言，流言不已而鼓噪，鼓噪不已而反叛。今之民但未反耳！于前数者，已无所不有矣！陛下亦可以省而杜其渐矣！即如湖广一省，激变已四五次，而独近日武昌为甚。陛下试思：无知小民何苦而变？谁非性命？谁无身家？惟其剥削之极，无可控告，变亦死，不变亦死耳！求与见害之人，比肩接踵而死，死且不恨。夫人情不必死，始畏死耳。人知必死，复何所畏？人不畏死，法安可加？故使奸民害良民，大乱之道也；激良民为乱民以杀奸民，亦大乱之道也。从古事端，初起，人主皆谓必无；及其祸乱已成，欲救又苦无及。史册所载，剥民之代，宁有无后患者乎？行之急则祸亦急，行之稍缓则祸亦稍缓。急者既唱，缓者必和之。夫汉之败也，在民穷，穷则为盗矣！唐之衰也，在官穷，盗起而无以应之。今间阎空矣！山泽空矣！郡县空矣！部帑空矣！国之空虚，如秋禾之脉液将干，遇风则速落；民之穷困，如衰人之血气已竭，遇病则难支。以如此事势，而值大旱为灾，赈济无策，河流梗塞，边饷匮乏，是岂可不为长虑哉！民既穷矣，既怨矣，亦有穷极怨极而不思乱者否？不能保其不乱，而各地方又搜括已尽，亦有以应此乱者否？"① 又如，万历二十八年（1600）初，凤阳巡抚李三才上言："所在饥荒，流民千百成群，攘窃剽劫日闻，久而不散，恐酿揭竿之祸。徐、砀、丰、沛，壤接河南、山东，白莲妖术盛行。"② 万历三十二年（1604）四月，"大学士沈一贯、沈鲤、朱赓皆上疏自陈言：臣惟顷年来，天灾人变无月不告，江以北地尽为沼矣，河以南人将相食矣，川竭河徙而咽喉病矣，地震星陨而边塞耸矣，奸僧妖妇左道惑人、流民饥夫揭竿鼓众而大盗起矣，顷又有此日蚀非常之变"③。万历四十三年（1615）底，山东巡抚钱士完疏称："阖省饥民九十余万，盗贼烽起，抢劫公行……上（明神宗）曰：该省饥民数多，赈济难遍，且抢劫四起，大乱可虞。"④ 饥饿难耐，人性泯灭，人吃人，甚至自食骨肉。如万历二十九年（1601），"阜平县民张世

---

① 陈子龙：《明经世文编》，中华书局1962年版，第4817－4819页。
② 《明神宗实录》卷344，万历二十八年二月辛巳条。
③ 《明神宗实录》卷395，万历三十二年四月癸未条。
④ 《明神宗实录》卷540，万历四十三年二月丙寅条。

成以饿甚，手杀其六岁儿烹而食之"①。再如，万历四十三年（1615），官员王纪所论晚明灾区情况："今岁畿南半年不雨，赤地千里。臣于七月曾具疏报闻。嗣是甘霖大沛，秋禾稍茂，少可以糊口。不谓天降鞠凶，大旱之后，蝗蝻、冰雹、霜露之灾，辐凑一时。秋禾麦芽，极目成空；嗷嗷饥民，哭声震动天地。父老相传，以为此数十年来所未有之灾祲也。臣目击叠灾，再为具疏：凡饥民枵腹待毙之苦情，瞋目语难之乱形，两疏备陈于皇上。意谓必有浩荡之恩，且蠲且赈，立起沟中之瘠。孰意其竟不然耶！臣初疏部覆仅给平粜米十万石，次疏且留中不报矣！同一重灾耳！同一为民请命耳！在顺天，除发平粜米十万之外，尚有赈米七万石。此臣属所莫敢几望也。在山东亦除发平粜米十万之外，复留存贮税并临清税银约十余万两。此又臣属所莫敢几望也。夫畿南与顺、永、山东，错壤而居，灾祲亦略相当。顾特赈独靳于畿南，岂以畿南饥民啸聚劫夺少逊于顺、永？而竖旗称王劫库焚狱之乱，畿南或不至此，可遂置于度外乎？且无论大赉不均，有隘天地之量。然乱者与而不乱者不与，挟者与而不挟者不与，朝廷之上以此举动，示人何异教猱升木、教盗肆篋？是授人以太阿而倒持其柄也。不几以国为戏乎！况畿南愁苦无聊之人，蠢蠢思动，乱形亦岌岌大可畏矣！七月间，畿南、畿北之民露宿于黄河之浒者，不下数万人。今皆窜伏于长垣、南乐等县村落中。而盐山、庆云、交河诸处，山东流移亦复络绎不绝，望门投止。见于盐山、交河、庆云之揭报者甚悉。而天津道景参政又以静海、葛沽东民流聚五六千人见告矣！嗟此哀鸿，以席为屋，以稗为食，皇皇朝不谋夕，将槁项海滨，终焉而已乎！"②

由于政府救荒无术，大明帝国"灾区"此起彼伏，明代"灾区社会"已呈常态化、扩大化及严重化趋势。灾民生存无法保障，灾区及灾民之社会属性因缺少必要、及时之强化而造成灾区"社会"规范灾民之功能损伤乃至丧失。如河南部分地区，由于滥垦，至成化初年，生态环境急剧恶化。是时，"彰德、怀庆、河南、南阳、汝宁五府山多水漫，卫辉一府沙碱过半，军民税粮之外，仅可养生，开封一府地虽平旷，然河决无时"③。又如嘉靖年间，淮河流域灾区

① 《明神宗实录》卷359，万历二十九年五月丙寅条。
② 陈子龙：《明经世文编》，中华书局1962年版，第5201－5202页。
③ 《明宪宗实录》卷79，成化六年五月辛卯条。

"一望皆红蓼白茅，大抵多不耕之地。间有耕者，又苦天泽不时，非旱即涝。盖雨多则横潦弥漫，无处归束；无雨则任其焦萎，救济无资。饥馑频仍，窘迫流徙，地广人稀，坐此故也"①。再以赵州为例。至隆庆时期（1567—1572），赵州编户二十四里社。"洪武初，只十七社，后渐增七社。""州户有限，供应实繁。公私所费，悉取办于里社。随地派银，每年约费三四千金。民力告匮。今以大石桥麦税尽补丁粮，而困惫始苏。但州东一带，地土甚瘠，频岁不登。"而宁晋县，编户二十里社，"县原野平沃，众流归汇。州之诸邑，此为雄长。但社近大陆泽者，洿下土疏，不可堤防。濒水之地，又多碱卤。以岁计之，时年五收。征收不免，而徭役倍加焉"。隆平县，编户十三里社，"县自辽金以后，戎马蹂躏，兵燹交驰，居民鲜少，其十三社只崇仁、乐业、魏家为土民。永乐间，迁山西人填实畿内者，遂以其地给之。今生齿亦云庶矣。但高阜去处与唐山交界者仅袤四五里，余则水泉窊下，十年九潦。庶而不富，斯之谓乎"！柏乡县，编户十二里社，"国初承伤乱之后，地多荆棘，人烟萧条，社止于五。至永乐建都幽燕，县属畿甸。廼分拨山西长子、屯留、襄垣、黎城各县人户以实之。社增至十。承平日久，生齿渐繁。今增至十有二矣。但俗多游手，家无素蓄，为可悯也"。高邑县，编户十二里社，"县广三十五里，袤三十里。所编户社同于柏乡。而地僻民聚，安于耕稼，颇称殷富。非若柏乡当南北要冲，昼夜迎送，力为之疲，劳逸贫富之异也"。临城县，编户十六里社，"县袤五十里，广立百五十里。山势联络，肘腋太行，固亦形胜之区。但地险而瘠，故编户止此"。赞皇县，编户十四里社，"县广一百一十里，袤一百三十里。……今和流尽湮，一遇夏秋暴雨，山水冲击，膏腴之地变为沙砾。虽设有户社，亦萧索过甚。由是士失恒产，民无良心，比于柏乡、临城尤为贫苦难治"②。也就是说，明中期以来，赵州很多地方已经无法从事农业生产。人口增加，耕地面积减少，只能造成区域内粮食紧张及农民贫困化。未有天灾尚勉强度日，一旦发生自然灾害，饥荒随之。此等情况又何止赵州。研究表明，灾害中，灾区社会功能一旦遭到破坏，它本身将成为灾害进一步扩大、延伸、加重的原因，成为

---

① 张瀚：《松窗梦语》，中华书局 1985 年版，第 72 页。
② 隆庆《赵州府志》卷 1《地里·里社》，天一阁藏明代方志选刊。

新的灾因。① 明代"灾区"亦如此。是时，以农民为灾民主体、以乡村为主灾区的"灾区社会"成为刺激并加重明代社会"灾变"的"新的灾因"，成为新"灾区"及"灾民"的主要策源地，成为左右明代社会安危的重要"因素"之一。

二、经济社会商业化

如前所述，成化以后，嘉靖以前，重商观念与拜金主义思潮在社会上颇为盛行，世风由俭入奢。早在天顺元年（1457），社会上已出现奢靡现象。是年，刑科都给事中乔毅等疏请"禁奢侈以节财用。谓财有限而用无穷。进来豪富竞趋浮靡，盛筵宴，崇佛事，婚丧利文僭拟王公，甚至伶人贱工俱越礼犯分，宜令巡街御史督五城兵马严禁之"。② 万历二十一年（1593），礼科都给事中张贞观疏请禁奢："今天下水旱饥馑之灾，连州亘县。公私之藏，甚见溃绌，而闾巷竞奢，市肆斗巧，切云之冠，曳地之衣，雕鞍绣毂，纵横衢路。游手子弟，偶占一役，动致千金。婚嫁拟于公孙，宅舍埒乎卿士。懒游之民，转相仿效。北里之弦益繁，南亩之耒耜渐稀。淫渎无界，莫此为甚。"③ 竞奢也促进了奢侈品加工业的发展。如万历年间，时人称："今也，散敦朴之风，成奢靡之俗，是以百姓就本寡而趋末众，皆百工之为也。"④ 伴随着奢侈之风的弥漫，以"阳明学"为导引，以"百姓日用是道"说为抽绎，宣扬个性解放、反传统及"工商皆本"⑤ 等思想为潮流的早期启蒙思潮兴起。其中，抒发个性、追求自我、享乐自适，寻新求变之商业文化精神萌生而流行。

事实上，竞奢风气和社会生活中的僭越行为结合起来，形成了一股横扫社会传统价值及行为的变异力量，加剧社会失范。民众热衷于奢靡，却对国家赋

---

① 王子平：《灾害社会学》，湖南人民出版社 1998 年版，第 152 页。

② 《明英宗实录》卷 277，天顺元年四月己丑条。

③ 《明神宗实录》卷 263，万历二十一年八月庚戌条。

④ 张瀚：《松窗梦语》，中华书局 1985 年版，第 97 页。

⑤ 如万历年间兵部右侍郎汪道昆称："窃闻先王重本抑末，故薄农税而重征商。余则以为不然，直壹视而平施之耳。日中为市，肇自神农，盖与耒耜并兴，交相重矣……商何负于农？"见汪道昆：《太函集》，卷六五《虞部陈使君榷政碑》，齐鲁书社《四库全书存目丛书》本。另则，东林党人赵南星亦称："士、农、工、商，（皆）生人之本业。"见赵南星：《味檗斋文集》卷 7《寿仰西雷君七十序》，《畿辅丛书》本。

役不肯、不愿承担。奢靡风俗背后，并未形成商品生产条件下对于旧有观念的真正冲击，而只是更突出地表现了变紧注意与对于享乐的追求。因此，成化以来明代竞奢之风也就很难显现出对于社会发展的推动作用。概言之，嗷嗷待哺之灾民及渐次萧索之乡村，商业风气浓郁的城镇及文化自觉中的市民，连同日趋奢靡与浮躁的民众心理等同体异质诸元素耦合变异，一并把明王朝拖进一个波谲云诡、人心彷徨、危机与生机并存的特殊时代。

第三节　救时方略：否定与被否定

如前所引，万历时期，大臣冯琦上疏称："自古天下之乱阶，皆始于民心之离逖。离而后有怨咨，怨而后有愤恨，愤恨而后有流言，流言不已而鼓噪，鼓噪不已而反叛。"① 就晚明而言，也是一个"民心之离逖"的过程，是大明王朝最高统治者无视时代，否定正确救时方略而终归为时代所否定的过程。

一、救时与"逆时"：部分官员的救时主张

成化以来，面对明朝经济社会危机，部分士大夫提出了自己的救时方略。

（一）商辂等人的救时主张

成化以来，明初积极求治精神不再。明宪宗就是一位荒唐之主，他几乎把全部精力都用于女色和逸乐，无暇政事。② 国势惟艰。成化初，内阁大学士商辂上书，提出勤政事、纳谏言、重将才、修边备、汰冗官、设仓储、崇圣道等主张，藉以化解统治危机。③ 稍后，阁臣刘健奏陈"勤朝讲、节财用、罢斋醮，公赏罚数事"④。另外，为了救时，官员罗伦、李俊、汪奎、王恕、彭韶等亦竞相献策。客观说来，商辂等"治国安邦"主张不过是对朝政小修小补而已。商辂等人的救时主张，就其内容而言，可以说，既无从根本上解决明朝危机的正确思路，也没有行之有效的一些具体措施，不过是老生常谈的一些寻常建议。

---

① 陈子龙：《明经世文编》，中华书局 1962 年版，第 4818 页。
② 张廷玉等：《明史》，中华书局 1974 年版，第 4783 页。
③ 张廷玉等：《明史》，中华书局 1974 年版，第 4688 页。
④ 张廷玉等：《明史》，中华书局 1974 年版，第 4811 页。

是时，学者陈献章（1428—1495）堪称洞悉明朝积弊，身处岭南江门的他，感受到社会商业化的脉动，目睹商品意识冲击下的传统伦理道德规范受到多方冲击而逐渐失去"收拾"人心功用的现实。如何救时？陈献章也心怀经世救时之志，慨叹"今人溺于利禄之学深矣"①，遂提倡心学以济世。

（二）丘濬的救时方略

丘濬的救时理念真正立足于明中期经济社会生活实际，所思所想"与时俱进"。诚如前文所论，为了救时，丘濬从政治高度检讨国是。丘濬看得明白，明中期以来，明代社会矛盾加深，农民贫困化问题已经不是简单的农民生计问题，而是明王朝统治危机问题。所以，丘濬认为，为解决农民贫困化问题，必须从政治高度（层面）着眼，首先解决政治问题，才能解决小民生计问题，才能从制度上保障民生，从而挽救明朝统治危机，扭转朝政危局。这也是丘濬所撰救时经世名著《大学衍义补》的基本精神。

事实上，从丘濬政治改革思想的基本思路分析，不难看出，丘濬以明确君民关系为重点和根本的出发点，以民本思想为指导，对现实中"颠倒"之君民关系及"私化"之君主权力予以匡正，并呼吁实现政府"职能"转变，即由"厉民以养己"转为"立政以养民"。他强调君主与朝廷的天职和本分是养民。为真正全面实现养民目的，在《大学衍义补》中，丘濬分别从"审几微""正朝廷""正百官""固邦本""制国用""明礼乐""秩祭祀""崇教化""备规制""慎刑宪""严武备""驭夷狄""成功化"十三个方面论述如何养民的总的方略与具体措施。在"固邦本"方面，提出"蕃民之生""制民之产""重民之事""宽民之力""愍民之穷""恤民之患""除民之害""择民之长""分民之牧""询民之瘼"等具体内容与措施。"为民理财"为丘濬"养民"救时理念的核心内容。丘濬重视农业，为解决土地兼并问题而提出"配丁田法"，且主张大兴农田水利，增加农业产量和保证农业收成；丘濬还十分重视民间海外（对外）贸易，并将外贸作为富民、"为民理财"的主要途径之一，他主张政府要允许并鼓励民间开展海外贸易；丘濬有着明确的重商思想，他主张朝廷取消专卖政策（"榷禁"），要鼓励工商业发展，大力培育商品市场，保护商品市场；丘濬对货币功能有着深刻认识，为促进商品流通，他建议以银为主币，

---

① 陈献章：《陈献章集》，中华书局 1987 年版，第 829 页。

银、钞、钱三币并用。也就是说，丘濬的养民思想，是以发展社会经济、实现富民为目标的。他对手工业、商业、外贸的重视，以及他的货币理论，都是站在成化时期经济社会商业化潮头，是引领时代，推动时代的重要发明与举措。

为了使自己的经世救时方略能得到实施，身为阁臣的丘濬，拖着"老病疲惫"之躯，于弘治四年（1491）十二月，向明孝宗上呈《欲择〈大学衍义补〉中要务上献奏》：

> 臣闻《礼经》有云：事君必资其言，拜献其身，以成其信，是故君有责于其臣，臣有死于其言。盖谓自古大臣进用之始，必有先资之言，拜命即以言为资，因言而以身为献，致其所献之身以为君用，践其所资之言以效其信。言有不信，君必责以践其言；言有不从，臣必死以成其信。故曰君有责于其臣，臣有死于其言。此古昔明君贤相，所以交相孚契于初进之始，委任责成于既用之日，卒能践其言，以成治功于久远之后也。粤稽诸古若伊尹畎亩幡然之数语，傅说受命对扬之三篇，管仲与齐桓公问答之书，乐毅对燕昭命下之语，韩信登坛东向之对，诸葛草庐三顾之策，姚崇入相十可之请，是皆资言于先，而成其信于后者也。之七人者，所遇之君，或创业以垂统，或继体以守成，或成伯于一国，或偏安于一隅，君臣相契，皆能成治效于一时。臣之蠢愚，虽不敢上比古人，然生当明盛之时，而遇大有为之主，不以臣之迂疏衰朽，用之于久病垂老之余，置之于论思密勿之地，有君如此，何忍负之。虽一息尚存，此志岂容少懈，徒以学术荒疏，年力衰迈，虽欲委身以为献，奈无嘉言以为资。如或拜献其身，不能成信有所责焉，无以为应，徒死无益也。是以三上封章，以老病为辞，未蒙俞允，不得已而受命，顾所谓资言献身者，志苟不先定，而泛泛焉，冒昧以尝试之，岂能有所成哉。伏念臣先于皇上嗣登宝位之初，而以所著《大学衍义补》一书上进，凡古今治国平天下要道，莫不备载，而于国家今日急时之先务尤缕缕焉。臣自幼殚力竭神，以为此书。及其编成，适际皇上访落之始，不先不后而又蒙圣恩奖谕，命有司梓行，不可谓无大幸也。臣不敢他有所陈情，即臣前所进《大学衍义补》一书，以为先资之言，而侑以臣一身自顶至踵以为九重之献。

盖臣所进之书，非臣创为之制，乃补宋儒真德秀所衍《大学》未尽之义也。凿凿乎皆古人已行之实事。而在今日，似亦有可行者，非若郑康成之训经义，泛滥无益也。非是王安石之假经言，变乱纷更也。其中所载，虽皆前代之事，而于今日急先切要之务，尤加意焉。方臣进书时，掌胃监无有政务，不得见之行事，犹可诿者，今则幸为明君不弃，进之内阁深严之地，预闻机务此政，臣书遭逢施用之日也。如此而有所不行，则天下后世将有辞以议臣，谓臣徒藉是书以为荣进之阶，非真诚有效用之实也，岂不遗终身之羞愧哉。矧臣年逾七十，钟鸣漏尽，所余无几时，日暮途远，所行不能到，汲汲焉及是时以图之，犹恐迟矣。否则将有后时之悔。臣平生所见不外此书，请择书中所载切要之务，今日可行者，芟去繁文，摘出要语，参会补缀以为奏章，酌量其先后次序，陆续上献，乞经省览，如有可行，特赐御札批下，会同内阁一二儒臣斟酌处置，拟为圣旨传出该部施行，或有窒碍难行，或姑留以俟后时，或发下再加研审，亦望圣慈明示。其所以然之故，臣迂儒不通事务，不免泥古偏见，然决不敢护短求胜，果于必行，掠取一己虚名，以误国家大事。臣冒干天听，不胜战慄恐惧之至，为此谨具题知，伏候敕旨。钦奉圣旨："卿欲有言，具奏来看，钦此。"①

经孝宗同意，丘濬随后相继上呈《公铨选之法》《建都议》《贡赋之常》《漕挽之宜》《漕运河道议》《制国用议》《足国用议》《江右民迁荆湖议》《屯田》《铜楮之币》《盐法议》《修攘制预之策》《守边议》《边防议》《御夷狄议》《定军制议》《战阵议》《赏功议》《马政议》等奏疏，其内容涉及政治运作、经济发展、民族关系、军事战略、民政与民生等具体救时经世方案，实为国家管理、经济及社会发展规划之整体设计。可以说，许多设计颇具时代性与前瞻性，反映了时代与社会发展的基本要求。然而，丘濬的这些奏疏，却仍载之空言而未能见诸行事。

（三）张居正等人的救时策略

嘉靖、隆庆以来，与丘濬侧重于"经济"、主张"立政以养民"及"为民

---

① 丘濬：《琼台诗文会稿》，内蒙古人民出版社 2002 年版，第 524–525 页。

理财"之救时理念相去甚远，"为国理财"及"正人心"则成为士大夫救时主张核心内容。如桂萼、欧阳铎、庞尚鹏等为了缓解明朝财政危机而相继改革赋役制度，实则为了"朝廷"而非"社会"，为了"富国"而非"富民"，社会实际意义也不大。万历初年，张居正改革则"以尊主权、课吏职、信赏罚、一号令为主"①。实际上，相对而言，张居正改革重点在"政治"而非"经济"，重点在"尊主权"而非"富民"。他重视土地丈量而忽视工商业发展，即便推广"一条鞭法"与重新"丈量田亩"，旨在增加国库收入，乃是"为国理财"而非"为民理财"。甚者，张居正在全国推广"一条鞭法"改革，因技术问题而加重了农民负担，遑论改善民生。如时人称："囊自里甲改为会银，均徭改为条鞭，漕粮渐议折色，则银贵谷贱，而民有征输之困矣。夫既贱鬻以输官，而又贵买以资用，民穷财匮不亦宜乎？"② 当时，农民依然贫困，遇灾即荒。万历九年，张居正称："今江北淮、凤及江南苏、松等府连被灾伤，民多乏食，徐、宿之间至以树皮充饥，或相聚为盗，大有可忧。"万历帝言："淮凤频年告灾，何也？"（张）居正对曰："此地从来多荒少熟。"③

二、最高统治者：逆时而动

张居正死后，以万历帝为首的"反张集团"对张居正"派系"进行了彻底清算，改革措施也受到"牵连"。万历十四年后，大权独揽的万历帝开始了漫长的"隐士"生涯。时值国家多事之秋，他却"渊默九重"，几乎不上朝，几乎不见大臣，而是整日整夜流连于后宫，厌倦于政务，沉溺于酒色，痴迷于金钱。

张居正改革的目的是"富国"，某种程度上，缓解了万历初年明朝的财政危机。然而，随着张居正"派系"被打倒，其改革的"红利"——国库相对充实的情况很快发生了逆转。为了解决政府财政问题，为了满足自己对金钱的贪欲，为了"厉民以养己"，万历帝向全国各地派出大批矿监税使，封关设卡，对过往商人及所在地商家任意卡要，对矿山周边人家及厂矿业主任意勒索。甚

---

① 张廷玉等：《明史》，中华书局1974年版，第5645页。
② 《明神宗实录》卷172，万历十四年三月乙巳条。
③ 《明神宗实录》卷111，万历九年四月辛亥条。

者，公然掠夺民财。如当时的大臣上疏指出："内臣务为劫夺，以应上求。矿不必穴，而税不必商；民间丘陇阡陌，皆矿也；官吏农商，皆入税之人也。公私骚然，脂膏殚竭。"① 万历帝此举，极大摧残了民间工商业、挫损城镇商业化势头。时人称："御题黄纛遍布关津，圣旨朱牌委褻蔀屋，遂使三家之村，鸡犬咸空；五都之市，布丝莫贸。"② 如苏州，税使"以榷征为奇货"，造成"吴中之转贩日稀，织户之机张日减"，苏州"染坊罢而染工散者数千人，机房罢而织工散者又数千人"③。又如，万历三十年，户部尚书赵世卿举例述说矿监税使破坏工商业情况："在河西务关则称：税使征敛，以致商少，如先年布店计一百六十余名，今止三十余家矣。临清关则称：往年伙商三十八人，皆为沿途税使抽罚折本，独存两人矣。又称：临清向来缎店三十二座，今闭门二十一家；布店七十三座，今闭门四十五家；杂货店今闭门四十一家，辽左布商绝无矣。在淮安关则称：河南一带货物，多为仪真、徐州税监差人挨捉，商畏缩不来矣。"④ 矿监税使所为，激化了社会矛盾，各地相继爆发反矿监税使的民变。凡此，也加剧了皇帝与民众、中央与地方、民众与政府之间的分裂对立。有鉴于此，有官员痛陈："皇上欲金银高于北斗，而不使百姓有糠粃升斗之储；皇上欲为子孙千万年之计，而不使百姓有一朝一夕之计。试观往籍，朝廷有如此政令、天下有如此景象而不乱者哉？"⑤

　　万历以降，朝廷"内讧"愈演愈烈，至天启年间，太监魏忠贤当道，"正直派"与"邪恶派"斗争越发血腥。当此之际，李自成等农民起义军纵横于中原腹地，满洲八旗兵丁杀掠于北疆。国势不堪，再次引发士大夫救时运动。先有东林党人以"道德责任心"为政治原动力、以"公天下"为治政精神、以"程朱理学"为思想规范、以"士大夫政治"为治国手段、以端正朝廷与人心为宗旨之"学术"救时努力；后有复社以"兴复古学"为抽绎、以政治集会及控制朝政为手段、以"致君泽民"为目的的救世之举。其间，徐光启、李之藻等开明士大夫也掀起了一场以译著、传播西学及天主教义为主要途径及内

---

① 张廷玉等：《明史》，中华书局 1974 年版，第 6171 页。
② 《明神宗实录》卷 348，万历二十八年六月丁亥条。
③ 《明神宗实录》卷 361，万历二十九年七月丁未条。
④ 《明神宗实录》卷 376，万历三十年九月丙子条。
⑤ 《明神宗实录》卷 348，万历二十八年六月丁丑条。

容，以端正人心、富国强兵为依归的"西学救时运动"。一言以蔽之，万历以来，一些"学者"及政治精英多把"学术"视为救时良方。如东林党巨擘高攀龙称："天下不患无政事，患无学术。学术者，天下之大本也。学术正，政事焉有不正。"① 著名思想家、政治家吕坤在写给东林党人信中亦称："故曰：'先王有不忍人之心，斯有不忍人之政矣。'世不太平，只是吾辈丧失此不忍人之心。而今学问，正要扩一体之义，大无我之公，将天地万物收之肚中，将四肢百体公诸天下，消尽自私自利之心，浓敦公己公人之念，这是真实有用之学。"② 很显然，这种"学术救时"主张是"想"出来的，是想当然，而不是实事求是。包括徐光启等人译著"西学"及传播天主教的努力，实则未能读懂"时代"，也未能读懂"传统中国"。"时代"变了，社会的"病"也变了。社会之"病"已变而"药"未变，"医者"不是对症下药，而是胡乱用药。所以，大明帝国在沸沸扬扬的"学术"争论中病危。在"早期商业化"的冲洗与政治腐败、频繁灾荒及战乱密集的摧残下，明朝"病逝"。

三、"严复定律"与明朝覆亡

如果没有社会性质的改变，而是仍在传统农业社会轨道上颠簸，明朝覆亡则是一种历史必然。"历史必然"的机制在于中国古代传统农业社会的人地矛盾无法根本解决。对明朝而言，随着人口持续增多，人均土地占有量锐减，大规模垦荒造成生态环境恶化；统治集团数量扩张，土地兼并加剧，赋役繁重，农民贫困化而造成其抗灾自救能力低下。在此背景下，灾荒频发、流民剧增，人地矛盾问题随之逐渐尖锐化，最终以某种"否定"明朝统治的方式爆发出来，各种"否定"力量汇集累积，明朝随之覆亡。当然，明朝覆亡的偶然因素很多，必然原因也并非一种。其中，传统农业社会中，历代王朝都无法摆脱"严复定律"，即人地矛盾，注定它们必然走向覆亡。

（一）"严复定律"：治乱现象归纳与思考

1881 年 2 月 19 日，马克思在《致尼·弗·丹尼尔逊》信中，对气候与农

---

① 叶茂才：《高攀龙行状》，雍正《东林书院志》卷 7《列传一》，清光绪七年据雍正刻本重刻本。

② 吕坤：《吕坤全集》，中华书局 2008 年版，第 210 – 211 页。

业生产关系有过深刻论述，揭示了客观存在的传统社会的"环境机制"。即"土壤日益贫瘠而且又得不到人造的、植物性的和动物性的肥料等等来补充它所必须的成分，但它仍然会依天气的变化莫测的影响，即依不取决于人的种种情况，继续提供数量非常不一的收成；但从整个时期，比如说1870年到1880年来观察，农业生产停滞的性质就表现得极其明显。在这种情况下，有利的气候条件迅速地消耗土壤中还保有的矿物质肥料，从而就为荒年铺平道路；反之，一个荒年，尤其是随之而来的一连串的歉收年，使土壤中含有的矿物质重新积聚起来，并在有利的气候条件下再出现的时候，有成效地发挥作用。这种过程当然到处都在发生，但是，在其他地方，它由于农业经营者的限制性干预而受到调节。在人由于缺乏财力而不再成为一种"力量"的地方，这种过程便成为唯一起调节作用的因素。"① 建立在"环境机制"基础上的传统农业及传统农业社会，直接或间接受制于"环境机制"。其实，这种"环境机制"不仅表现为农业土壤肥瘠变化，还包括气候正常或异常变化，以及土地承载力变化，这些"变化"，在传统农业时代都是人们无法从根本上改变的，终是受制于"环境机制"与这些"变化"。

"环境机制"也是决定着社会治乱与王朝兴衰的主要动力与要素之一。"环境机制"所促生的社会治乱兴衰现象，明人已有论述。如明代人何瑭曾对此现象有所解释。他认为："（明）国初乱离初定，人民鲜少，土地所生之物供养有余。承平既久，生齿蕃多，而土地所生之物无所增益，则供养自然不足。今惟有尽辟地利以资生养，法尚可行。方今地窄之处，贫民至无地可耕，而江北、山东等处，荒田弥望。"② 其实，正统以来，特别是成化时期，明代一些地区的人地矛盾开始凸显，成为地区社会安危的重要影响因子。如景泰三年（1452），官员韩雍称："江西一十三府，地狭且瘠，民稠且贫。往年丰收，小民亦无周岁之积，未免懋迁有无，取给湖广等处。今岁本处既有旱伤，官民蓄积俱少，而湖广等处，亦未闻丰收。况所属长河、梅花等峒，大盘等山，系累年盗贼作耗，今岁永新地土陷窟，恐有饥荒之兆，倘后水旱相因，饥馑荐臻，而无蓄积

---

① 黎澍主编：《马克思恩格斯论历史科学》，人民出版社1981年版，第395页。
② 万表：《皇明经济文录》卷2《民财空虚疏》，全国图书馆文献缩微复制中心1994年版，第35页。

以赈济之，未免相聚为盗。"① 其实，韩雍的担心不无道理。灾荒之年，政府救济失措，饥民转为"盗贼"者并不少见。同样是江西，成化十五年（1479），户部奏："江西府县卫所地方累岁水旱灾伤，人民饥窘，盗贼窃发，宜为之计。上曰：'江西地方连年荒旱，民穷盗起，难保其无思患。预防，经国大计。'"②

其实，韩雍所言"地狭且瘠，民稠且贫"现象，何止江西，其他地方也遭遇了同样的问题。无疑，"地狭且瘠"是"民稠且贫"的重要致因。以"民稠且贫"为背景，天灾所及，饥荒爆发。灾荒跨州跨省。清初史学家查继佐撰《罪惟录》称：明代灾荒，成化时期最为酷烈。③ 据李洵先生统计，成化时期，全国人口总数在 3 000 万到 4 000 万之间，流民人数则在 930 万至 1 200 万之间。其中最为严重的是北直隶、山西、河南、山东、南直隶、湖广、浙江、福建、云南等地区。④ 成化以来，明朝灾荒加剧，朝廷荒政废弛，农民贫困化，"灾害型社会"成为明朝解不开的死结。从上述论述中不难得出，从最广大民众生存状态而言，晚明实则是一个民众极端贫困化的时代，一个社会动荡而"三荒"频发的时代，实际上是"灾害型社会"定型时代。

中国近代启蒙思想家严复（1854—1921）从政治高度构建出环境与社会关系，谓："（一个王朝）积数百年，地不足养，循至大乱，积骸如莽，血流成渠。时暂者十余年，久者几百年，直杀至人数大减，其乱渐定。乃并百人之产以养一人，衣食既足，自然不为盗贼，而天下粗安。生于民满之日而遭乱者，号为暴君污吏；生于民少之日而获安者，号为圣君贤相。二十四史之兴亡治乱，以此券矣。"⑤ 严复此论，笔者称之"严复定律"。所论虽非全面，却揭示了一个历史事实，即土地承载力状况与社会安危有着直接关联，而且这种关联是一种不容忽视的客观存在。当然，"地不足养"不仅表现在人均耕地数量不足，还表现在耕地质量（地力）下降与环境灾变频发等方面。如果从环境史视角审视，不难发现，我国历史上"乱世"之后的"地荒人稀"往往成为"治

①　陈仁锡：《荒政考》，《中国荒政丛书》（第一辑），北京古籍出版社 2002 年版，第 566 页。

②　《明宪宗实录》卷 194，成化十五年九月甲寅条。

③　查继佐：《罪惟录》卷 9《宪宗纯皇帝纪》，浙江古籍出版社 1986 年版，第 164 页。

④　李洵：《试论明代的流民问题》，《社会科学辑刊》1988 年第 3 期。

⑤　严复：《严复集》，中华书局 1986 年版，第 87 页。

世"基础和前提。新王朝藉此实行"按丁授田"及奖励垦荒政策，一时间，人地关系变得宽松，农民初步解决"温饱问题"，国力得以增强，治世在望。其后百余年，人口翻几番而耕地总量少有增加，加之土地兼并严重及地力下降，农业生产技术未有质的提升，环境灾变频发。人口问题最终在自然灾害的裹挟下而膨胀起来，灾荒蔓延，流民遍野，"乱世"生成。

（二）明朝覆亡与"严复定律"

明代中后期，由于滥垦滥伐、气候变冷等诸多原因，生态环境严重恶化，环境灾变频繁，灾荒严重。尤其是明初重点开发的华北之地，许多地方再度地荒人稀，社会经济也衰败不堪，土地因不堪耕种及农民不敢耕种而造成弃耕、撂荒现象普遍。是时，北方一些地区，如明中期的官员林俊（1452—1527）所述："荒沙漠漠，弥望丘墟。间有树艺，亦多卤莽而不精，缓怠而不时。至于京畿之间，亦复如是，往往为之伤心饮泣，抚掌深叹。计此度之，虽边郡应屯之地，目所不击、足所不到之处，夫亦是耳。大抵官非其人，里非其要。膏腴之区贪并于巨室，硗确之地荒失于小民，而屯田坏矣。务贪多者失于鲁莽，困赋税者一切抛荒，而农业隳矣。所谓地有遗利、民有余力，此之谓也。"[1] 成化十三年（1477），林俊又在《扶植国本疏》称："陕西、山西、河南连年饥荒，陕西尤甚。人民流徙别郡，荆襄等处日数万计。甚者阖县无人，可者十去七八，仓廪悬磬，拯救无法，树皮、草根食取已竭，饥荒填路，恶气熏天，道路闻之，莫不流涕。而巡抚、巡按、三司等官肉食彼土，既知荒旱，自当先期奏闻，伏候圣裁。顾乃茫然无知，恝不加意，执至若此，尚犹顾盼徘徊，专事蒙蔽，视民饥馑而不恤。"[2] 已见前引。地荒民穷问题，愈到后来愈严重。嘉靖后期，为官山西的官员王宗沐（1524—1592）疏称："臣初至山西，入自泽潞，转至太原，北略忻代。比将入觐，又东走平定，出井陉。目之所击，大约一省俱系饥荒，而太原一府尤甚……三年于兹，是以人民逃散，闾里萧条，甚有行百余里而不闻鸡声者。壮者徙而为盗，老弱转于沟瘠。其仅存者，屑槐柳之皮、杂糠而食之，父弃其子，夫弃其妻，插标于头置之通衢，一饱而易，命曰

---

① 陈子龙：《明经世文编》，中华书局1962年版，第755 – 766页。
② 陈子龙：《明经世文编》，中华书局1962年版，第768页。

人市。"① 官员赵锦疏称："臣窃见直隶淮安府至于山东兖州府一带地方，人民流窜，田地荒芜，千里萧条，鞠为茂草。其官吏则相与咨嗟叹息，或遂弃职而逃，其驿传则相与隐匿。逃避或至沮滞命使，其仅存之民则愁苦憔悴，而若不能为之朝夕。日甚一日，莫可底止。"②

有明一代，实行重农主义政策，但是，农业生产要素与前代相比并没有实质性变化，缺少技术革新及制度创新，农田水利建设明显不足，农业经营方式仍处于"传统农业"③ 阶段，"靠天吃饭"。明代传统农业同样受制于"环境机制"，"灾害型社会"也是"环境机制"的一种表现。"灾害型社会"亦非明代所独有，它深藏于中国传统农业社会深处，一旦条件成熟，便会"粉墨登场"，参与历史创造。

由明王朝向后望去，我们还会看到许多和明王朝相似的"故事"——"治乱相仍"。如果我们继续从环境史视域探寻，我们还会发现，无论是王朝更迭，还是"灾害型社会"生成，既是社会现象，也是自然现象。它们的表演不过是自然界面对"异化物"采取的一种自我"生理"机制调节与身体"修复"而已。经过以"灾害型社会"途径或战争手段等短暂调整与修复，人地紧张问题得以缓解，部分地区生态环境再度符合农业生产与农业社会正常运行的客观需要，慢慢开启新一轮的农业社会构建。论及"灾害型社会"的本质，本书认为，小农社会通过"灾害型社会"的短期"休克"或"失范"，生态有所恢复，人地关系再度缓和，为土地占有关系洗牌和重新分配提供了可能。所以，"灾害型社会"是中国传统小农社会"死去活来"间隙中的一种特殊社会状态，是一种极端的社会自然化现象，也是小农社会得以长期延续的重要原因之一。正如当代研究表明，"在同灾害的关系上，社会和人有着基本相同的特性或特征。那就是，灾害和社会的关系也有着两个基本的方面，即一方面灾害对社会的发展和进步来说，是一种破坏性因素，一种障碍。在世界历史上，包括我国在内，灾害曾经多次造成一个国家或者一个地区社会发展的停顿和停滞。另一方面，社会也在灾害中经历了锤炼、挫折和打击，从而逐渐地成熟起来，

---

① 陈子龙：《明经世文编》，中华书局1962年版，第3674页。
② 陈子龙：《明经世文编》，中华书局1962年版，第3648页。
③ 著名经济学家舒尔茨指出："完全以农民世代使用的各种生产要素为基础的农业可称为传统农业。"见舒尔茨：《改造传统农业》，商务印书馆1987年版，第4页。

提高了自身抗御灾害、保护自身生存的能力。在一定意义上讲，社会就是在遭受灾害损失之后，一次又一次地清除灾害后果顽强地生存并发展起来的。灾害和社会关系的这一基本特性，是分析和认识灾害同社会关系的出发点和基础"①。

明代"灾害型社会"之所以于成化年间便匆匆形成，主要机制包括两点：其一，在传统社会里，低温通常造成自然灾害频发，农业生产受到致命的影响，民生变得更加贫困，直接加剧了社会矛盾，进而引起剧烈的社会动荡。其二，明朝大规模垦荒运动加速了"灾害型社会"的生成，使早期商业化失去了必要的社会基础。晚明，以"脆弱生态环境 + 脆弱乡村社会"为主要特征的区域环境与社会实际是"灾害型社会"生成与"三荒"现象产生的前提条件；而掠夺性的土地开发使脆弱生态环境与脆弱乡村社会二者恶性互动。所谓脆弱生态是一种对环境因素改变反应敏感而维持自身稳定的可塑性较小的生态环境系统。"地荒人稀"是明前期主要开发地区的表面现象，真实面容应该是"脆弱的生态环境与乡村社会"。

四、救时之举："利玛窦现象"

万历以来，明代政治上的"末世"危机与传统社会近代化转型之勃勃"生机"并存，这为这一时期明王朝的基本历史特征之一。如时人吕坤所言："当今天下之势，乱象已形，而乱机未动。天下之人，乱心已萌，而乱人未倡。今日之政，皆拨乱机而使之乱，助乱人而使之倡者也。"② 是时，救时成为时代主题。如何救时？概要说来，要平息"乱象"及收拾"人心"，要化解社会危机。为此，一些尚有道德责任心的士大夫积极探寻着大明帝国的"出路"。其中，徐光启等一批士大夫积极探寻"西学救时"路径，即"利玛窦现象"。③

---

① 王子平：《灾害社会学》，湖南人民出版社 1998 年版，第 131 页。
② 吕坤：《吕坤全集》，中华书局 2008 年版，第 7 页。
③ 庞乃明先生在《试论晚明时期的"利玛窦现象"》（载《贵州社会科学》2008 年第 7 期）一文中，界定"利玛窦现象"为"中西文化交流过程中出现的特有社会文化现象"，并予以深入而全面的论述，颇有见地。下文从晚明"救时思潮"视角再予以诠释，旨在重新解读"利玛窦现象"，以就教于专家学者。

（一）利玛窦西来

利玛窦，字西泰，1552 年 10 月出生于意大利玛律凯省玛切拉塔市。中学毕业后，利玛窦于 1568 年到罗马日耳曼法学院读书，1571 年加入耶稣会；1578 年，26 岁的利玛窦于葡萄牙里斯本启程远渡重洋去往印度果阿传教。自此，他与亲人天各一方，再未团聚。1582 年，利玛窦抵达澳门，苦学汉语；1583 年 9 月 10 日，他抵达广东肇庆，在此建教堂传教，并传播西学；1589 年 8 月，利玛窦离开肇庆转而抵达广东韶关，又在韶关建立教堂，继续传教；1595 年 6 月，利玛窦北上，传教南昌；1597 年 8 月，利玛窦担任耶稣会中国传教区会长；1601 年（万历二十九年），利玛窦获得明朝政府允许，定居北京，在北京建天主教堂，传播天主教，亦传播西学；1610 年（万历三十八年）5 月，时年 58 岁的利玛窦病逝于北京，万历皇帝朱翊钧赐北京城外二里沟"滕公栅栏"为其墓地。

利玛窦能够成功传教，原因是多方面的。最主要的是他有着极为特殊的"身份"与极好的禀赋，集来华耶稣会士、西学传播者、华言华服的外国人等诸身份于一体。这种奇特的人物，在当时竟然欹动士庶，不仅成为达官显贵座上客，也成为普通市民诧异的茶前饭后谈资。时人称："四方人士无不知有利先生者，诸博雅名流亦无不延颈愿望见焉。"① 《明史》亦称："公卿以下重其人，咸与晋接。"② 利玛窦自称："中国人来拜访我，有些人好像发了狂，争先恐后，络绎不绝。"③ 然而，"猎奇"者很快见怪不怪了。唯有徐光启等士大夫就西学问题而与之切磋不已，进而形成借助西学以救时之"利玛窦现象"。就晚明时代而言，"利玛窦现象"形成有其必然性，也有偶然因素。作为晚明救时思潮的重要内容与主要表征之一，"利玛窦现象"值得我们多角度检讨。当然，"利玛窦"之所以"成功"，之所以成为晚明轰动一时的公众人物，这与晚明社会价值取向及民众文化心理有关，同时，利玛窦本人之"作为"也是不应小觑的重要因素。二者珠联璧合，相得益彰，共同演绎了极具时代特色的

---

① 徐光启：《徐光启集》卷 2《跋二十五言》，上海古籍出版社 1984 年版。

② 张廷玉等：《明史》，中华书局 1974 年版，第 8460 页。

③ 利玛窦：《利玛窦书信集》（下），（台北）光启出版社、辅仁大学出版社 1986 年版，第 258 页。

"利玛窦神话"。

（二）"利玛窦现象" 与万历时政

万历十二年（1584），曾"威权震主"的"死"张居正遭到万历皇帝彻底清算，而被打成"专权乱政，罔上负恩，谋国不忠"之奸臣，险遭"剖棺戮尸"。[①] 前一年，居正老母遭幽囚，弱子被逼投缳，家产籍没，饿死之亲人甚至为恶狗吞噬，其"亲信"亦相继被撤免。摧毁张居正势力、独揽大权后，万历帝很快就"转业"了。此后三十余年间，他"隐居"深宫，与宫女欢饮长夜，不肯上朝，不肯与大臣商讨国事，不及时，甚至不批答官员奏疏。如万历朝阁臣叶向高称："阁臣向以票拟为职，自诸事留中，军国大计不得不请，至于琐事亦为屡揭，今奴酋禁迫北关，直隶、山东一带盗贼荒旱，牸牛异灾。而一事之请，难于拔山；一疏之行，旷然经岁。"[②] 而"御前之奏牍，其积如山；列署之封章，其沉如海"[③]。虽然"隐居"，万历帝却紧抓一切权力不放，又心存猜忌，甚至"好疑，遇人疑人，遇事疑事"[④]。对任何官员都不信任，唯恐"张居正"复生。皇帝怠政，官曹空虚。万历中后期，从中央到地方，从阁臣、六部尚书到中下级官吏，官员严重缺失而不补，各级政府机构处于半停顿、半瘫痪状态。政务废弛加深社会危机。是时，天灾人祸踵至。饥民嗷嗷，以致啃树皮、吞石头、食雁粪以延须臾，甚者"道旁刮人肉如屠猪狗，不少避人，人视之亦不以为怪"[⑤]。兵变、民变迭兴，反矿监税使得市民运动骤起，大明帝国危机四伏。

国是如此不堪，救时显得极为迫切。然而，因朝廷处于半瘫痪状态及万历皇帝过度猜忌诸臣，加之在位官员多各依门户以互相攻讦为"事业"，朝廷"沦为"党派纷争与倾轧之战场。无奈，一些尚有道德责任心的士大夫在谋求通过朝廷施展救时之政治抱负无望的情况下，不得不转而寻求其他救时途径以挽救明朝危机。"学术救时"便是他们一种不得已的选择，即通过著书立说，聚会讲学，品评时政，藉以匡济天下。如东林党核心人物高攀龙提出："天下

---

① 《明神宗实录》卷152，万历十二年八月丙辰条。
② 《明神宗实录》卷458，万历三十七年五月丙申条。
③ 《明神宗实录》卷461，万历三十七年八月甲戌条。
④ 《明神宗实录》卷311，万历二十五年六月庚辰条。
⑤ 康熙《诸城县志》卷30《大事记》，康熙十二年刻本。

不患无政事，患无学术。学术者，天下之大本也。学术正，政事焉有不正。"①

万历以来，传统社会矛盾激烈，社会近代化转型遭遇传统势力的顽强抵抗。是时，大明帝国危机重重，国事维艰。具体说来，明朝统治危机，不仅仅是统治集团的危机，更是传统社会的危机。今天看来，统治集团危机，还是次生危机。因为决定明朝命运的不是统治集团危机，而是传统社会危机。当然，统治集团危机也加重或者刺激了传统社会危机的爆发。这种"社会危机"，早在成化时期就已经出现，丘濬提出"与时俱进"的社会经济等改革措施，未能得到实施。万历时期，这种传统社会危机处于总爆发的前夜。为了救时，以徐光启、李之藻、杨廷筠等比较开明、具有"世界眼光"的士大夫掀起了一场以翻译、传播西学及天主教教义为主要途径与内容，以富国强兵为依归的"西学救时运动"，即"利玛窦现象"。"利玛窦现象"是晚明的一种独特历史现象，也是一类值得深入思考之社会文化与政治现象。显然，若要解读"利玛窦现象"，不仅应从"利玛窦"着眼，还需从晚明社会政治环境着眼。唯有如此，才有可能洞悉"利玛窦现象"之历史内涵与时代特征，晚明时代与"利玛窦现象"二者之关系极为微妙，富含时代信息。这种"关系"既是一个"新时代"绅绎之际、社会躁动与迷茫的历史表征，也是一种在"旧时代"夹缝中隐约表现着"新时代"迹象的因果关联与图像信息。当然，就晚明而言，"利玛窦现象"的形成有其必然性，也有偶然因素。

徐光启、李之藻、杨廷筠、冯琦（1558—1603）、冯应京（1555—1606）、熊明遇（1579—1649）等都是万历时期士大夫中的精英人物。他们忧国忧民，有着强烈的经世情怀，志在匡时济世。然而，在浑浑噩噩、论资排辈的万历朝廷中，尽管他们救时愿望强烈而急切，却根本无法施展政治抱负。正当他们苦闷之际，恰逢利玛窦等耶稣会士西来，带来了令他们耳目一新的学术。于是，徐光启等主动与之交好，研习西学。史称徐光启"从西洋人利玛窦学天文、历算、火器，尽其术。遂遍习兵机、屯田、盐荚、水利诸书"②。徐光启亦有言："泰西诸君子，以茂德上才，利宾于国。其始至也，人人共叹异之；及骤与之

①　叶茂才：《高攀龙行状》，雍正《东林书院志》卷7《列传一》，清光绪七年据雍正刻本重刻本。

②　张廷玉等：《明史》，中华书局1974年版，第6493页。

言，久与之处，无不意消而中悦服者，其实心、实行、实学，诚信于士大夫也……余尝谓其教必可以补儒易佛。而其绪余更有一种格物穷理之学，凡世间世外，万事万物之理，叩之无不河悬响答，丝分理解；退而思之，穷年累月，愈见其说之必然不可易也。"① 其又言："（利玛窦等）所传事天之学，真可以补益王化，左右儒术，救正佛法者也。"② 时人顾起元（1565—1628）称：利玛窦"所著有《天主实义》及《十论》，多新警，而独于天文、算法为尤精……士大夫颇有传而习之者"③。易言之，他们倾心学习或积极译介来自"泰西"的"事天之学"、哲学、艺术和科学技术等，希望藉以匡济时艰、挽救明朝统治危机，即"学术救时"。

同东林党人讲学目的一样，徐光启、李之藻等人倾心译介西学也是以匡济时艰为旨归，他们视利玛窦的"学识"为救时良方，故而全力"引进"。显然，在那个政治风气颠顶腐朽、人心浮躁而又急功近利的晚明，在那个思想晦盲否塞而又昂扬激进、文化自我否定而又盲目自尊的现实主义与超现实主义思潮混杂的特殊历史阶段，在传统势力与华夷观念还处于强势的万历时期，徐光启、李之藻、杨廷筠等作为处在政治核心边缘又始终不能忘情于政治、怀揣经世理想及燃烧着政治激情的"书生"，在保守势力非议中，他们却能全身心译介西学并为之鼓与呼，这定然需要强烈的使命感和责任意识来支撑。

概言之，"利玛窦现象"是在社会危机加深、万历帝怠政、朝廷半瘫痪而党派死拼等昏暗的政治环境笼罩下，徐光启等不以朝廷为依托、未借助任何政治势力集团及社会组织，积极、自发地与利玛窦合作，以翻译并传播西学及天主教义为主要途径，以端正人心、富国强兵为依归的士大夫自觉的"学术救时"运动。

（三）"利玛窦现象"与儒学危机

成化时期，明王朝步入传统社会向早期商业社会过渡。是时，商品经济日趋活跃，社会风气随之"商业化"。社会商业化潮流促使"人心"转向"利

① 徐光启：《徐光启集》卷2《泰西水法序》，上海古籍出版社1984年版。
② 徐光启：《徐光启集》卷9《辩学章疏》，上海古籍出版社1984年版。
③ 顾起元：《客座赘语》，中华书局1987年版，第194页。

心"。① 整个社会陷于原有秩序及观念崩解之际的浮躁与混乱之中。时人多重财嗜利而轻义，竞奢成风，反传统，张扬个性化，自我标榜及自异于名教行为一时间成为社会之风尚。凡此，社会呈现"礼崩乐坏"态势，并引发了更为深远的儒家思想危机。陈献章、王阳明提倡心学，欲强化个体内心的自我道德约束机制而规范之；至阳明后学，多为不守绳墨。其中，"非名教之所能羁络"的"狂禅者"，又以"掀翻天地"为快。② 可以说，晚明时代社会多元化趋势与思想一元化事实之间形成了颉颃局面。其中，儒家自我否定思潮又使得"一元化思想"呈现"虚无化"倾向，质疑之声顿起。如时人周炳谟称："吾华诵说圣言者不少矣，利害得失临之而不能动者几人？况生死乎？童而习焉，白首而莫知体勘者，众耳。"③ 汪汝淳撰文则称："今世学士，务为恢奇，习圣贤之言，往往取道于嵩岭，岂真有所证合哉？阁托微磷，徒立义以救饥耳。"④ 为此，万历三十一年（1603），礼部尚书冯琦痛陈今之士人，竟有"背弃孔孟，非毁程朱，惟南华、西竺之语是宗；是竞以实为空，以空为实，以名教为桎梏，以纪纲为罪疣，以放言高论为神奇，以荡轶规矩，扫灭是非廉耻为广大"⑤。换言之，晚明时代，蓬勃的商品社会经济同传统儒家政治思想（政治哲学）之间的矛盾越发冲突，世人是非与价值观念渐趋支离而混乱。当时，一些士大夫已经意识到统一世人伦理道德（或曰"思想"）的重要性与迫切性。那么，拿什么来统一呢？徐光启等人之所以皈依或亲近天主教并为之宣传，目的就在于此。

有学者认为，徐光启"是在清醒地认识到传统的价值已趋腐败，须要寻求一种新的道德观念和方法，来重塑传统的道德并提高整个社会的道德水准"⑥。美国学者裴德生也有相似议论，即"徐光启、李之藻和杨廷筠带着不同的需要和问题，通过不同的途径向基督教靠近……他们跟同时代的许多人一样，懂得

---

① 郎瑛：《七修类稿》卷17《义理利·利》，上海书店出版社2001年版，第172页。
② 黄宗羲：《明儒学案》，中华书局1985年版，第703页。
③ 朱维铮主编：《利玛窦中文著译集》，复旦大学出版社2007年版，第504页。
④ 朱维铮主编：《利玛窦中文著译集》，复旦大学出版社2007年版，第506页。
⑤ 顾炎武：《日知录》卷18，《文渊阁四库全书》本。
⑥ 沈定平：《明清之际中西文化交流史——明代：调适与会通》，商务印书馆2001年版，第733页。

为强化已广泛发现被腐蚀的传统价值，需要寻求一种新的学术基础"①。这里倒有一个不该回避或者说不该模糊化的根本性的认识问题，即徐光启是想"重塑传统的道德"还是"引进一种新的道德观念和方法"？换言之，皈依天主教的徐光启宣扬"西学"是以天主教"补儒易佛"还是"易儒易佛"？其实，徐光启本人在其《辩学章疏》中明言：天主教"其法能令人为善必真，去恶必尽，盖所言上主生育拯救之恩，赏善惩恶之理，明白真切，足以耸动人心，使其爱信畏惧，发于由衷故也"。②而且，他又对"圣贤之是非"及"佛道之说"予以否定，主张奉行天主教以规范世道人心。即，

> 臣尝论古来帝王之赏罚，圣贤之是非，皆范人于善，禁人于恶，至详极备。然赏罚是非，能及人之外行，不能及人之中情。又如司马迁所云：颜回之夭，盗跖之寿，使人疑于善恶之无报，是以防范愈严，欺诈愈甚。一法立，百弊生，空有愿治之心，恨无必治之术。于是假释氏之说以补之。其言善恶之报在于身后，则外行中情，颜回盗跖，似乎皆得其报。谓宜使人为善去恶，不旋踵矣。奈何佛教东来千八百年，而世道人心未能改易，则其言似是而非也。说禅宗者衍老庄之旨，幽邈而无当；行瑜伽者杂符箓之法，乖谬而无理，且欲抗佛而加于上主之上，则既与古帝王圣贤之旨悖矣，使人何所适从、何所依据乎？必欲使人尽为善，则诸陪臣所传事天之学，真可以补益王化，左右儒术，救正佛法者也。盖彼西洋临近三十余国奉行此教，千数百年以至于今，大小相恤，上下相安，路不拾遗，夜不闭关，其久安长治如此。然犹举国之人，兢兢业业，唯恐失坠，获罪于上主。则其法实能使人为善，亦既彰明较著矣。此等教化风俗，虽诸陪臣自言，然臣审其议论，察其图书，参互考稽，悉皆不妄。③

① Willard Peterson, "*Why did they become Christians? YangT'ing - yun, Li Chih - taso, and Hsu Kuang*", in *East Meets West: The Jesuits in China*, 1582 - 1773, p. 147. Chicago, Loyola University Press, 1988.
② 徐光启：《徐光启集》卷9《辩学章疏》，上海古籍出版社1984年版，第432页。
③ 徐光启：《徐光启集》卷9《辩学章疏》，上海古籍出版社1984年版，第432 - 433页。

晚明统治危机加深与多元化社会思潮激荡，使得徐光启等士大夫对传统儒学信仰发生了某种程度的动摇与否定。在徐光启看来，儒学"不能及人之中情"，终极关怀缺失；而释、道学说行之"千八百年，而世道人心未能改易"。所以，他认为，唯有天主教——使"大西洋"诸国千百年来"久安长治"的天主教才能真正起到"教化风俗"、达德成俗以臻治世的超强功能。换言之，若想大明帝国自此"久安长治"，亦须"奉行此教"。为此，徐光启向万历皇帝进言：若令天主教"敷宣劝化，窃意数年之后，人心世道，必渐次改观。乃至一德同风，翕然丕变，法立而必行，令出而不犯，中外皆勿欺之臣，比屋成可封之俗……灼见国家致盛治、保太平之策，无以过此"①。且其"兴化教理，必出唐虞三代上矣"。② 要言之，徐光启上述"议论"意旨为：天主教足以使"大西洋"三十余国"久安长治"，也完全能够让大明帝国"久安长治"。在此我们不禁发问：按照徐光启的说法，天主教既然具有超强的"教化风俗"功能，那还用得着"不能及人之中情"的儒学吗？毋庸讳言，徐光启所谓"补儒易佛"之说别有用意。即托"补儒易佛"之名而行"易儒易佛"之实。所谓"补儒易佛"者，实为"易儒易佛"也。"补儒"乃是其宣扬天主教义、减少不必要阻力的"漂亮"说辞而已。事实上，徐光启本人就是用"天主教"来"易儒易佛"的实践者。如利玛窦称：徐光启"十分熟悉圣依纳爵的精神修炼，把它们介绍给中国人去做。而这些中国人结果都倾向于信教"③。徐光启自称：士大夫"稍闻其（利玛窦）绪言余论，即又无不心悦志满，以为得所未有。而余亦以间游从请益，获闻大旨也，则余向所叹服者，是乃糟粕煨烬，又是乃糟粕煨烬中万分之一耳……启（徐光启）生平善疑，至是若披云然，了无可疑；时亦能作解，至是若游溟然，了亡可解；乃始服膺请事焉"④。徐光启皈依天主教，他的家人也先后入教，还有他的岳父吴小溪、外甥陈于阶也是教徒，甚至他的入室弟子孙元化、韩云、韩霖等也纷纷加入天主教。

思想界至此已混乱到极点，传统儒家伦理道德成为"狂禅者"的攻击对象，并为日益商业化的社会所鄙夷，实用主义成为士大夫的最终学术取向。在

① 徐光启：《徐光启集》卷9《辩学章疏》，上海古籍出版社1984年版，第433、436页。
② 徐光启：《徐光启集》卷9《辩学章疏》，上海古籍出版社1984年版，第433页。
③ 利玛窦、金尼阁：《利玛窦中国札记》，中华书局1983年版，第591－592页。
④ 朱维铮主编：《利玛窦中文著译集》，复旦大学出版社2007年版，第135页。

这种时代背景下，如何统一世人道德标准及社会行为规范是当时极为迫切而重要的政治与社会课题。当时，心学、"古学"及释、道之说都没有"独尊"之可能。徐光启等人则基于他们的文化开放心态与急切的救时动机而选择西学及"天主教"。如徐光启撰文称："繇余，西戎之旧臣，佐秦兴霸；金日磾西域之子，为汉名卿，苟利国家，远近何论焉？又见：梵刹琳宫，遍布海内；番僧喇嘛，时至中国；即如回回一教，并无传译经典可为证据，累朝以来，包荒容纳，礼拜之寺，所在有之。高皇帝命翰林臣李翀、吴伯宗与回回大师马沙亦黑、马哈麻等翻译历法，至称为乾方先圣之书。此见先朝圣意，深愿化民成俗，是以褒表搜扬，不遗远外。"① 当然，徐光启全家入教事例在晚明并非个案。与徐光启同期的武官李应试（1560—1620）因与利玛窦、庞迪我论道而折服，遂于万历三十年（1602）受洗入教。他当时公开烧毁其所珍藏的、为教会视为"迷信"的大量术数书籍以表明其信教决心。不久，全家人均入教，且在家中建立私人教堂。② 毋庸置疑，无论徐光启还是李应试，或是其他读书人，他们都是改变了原来"信仰"的人。而且，他们之间若有差别，只是信教程度不同而已，"结果"都是皈依天主教的。

若从理论分析，为挽救社会危机与统治危机，晚明救时运动经历了由经济改革而政治改革进而思想文化改造之艰难复杂的探索历程。其中，经济改革与政治改革不过是对原有制度的修修补补，未有根本变化；以"利玛窦现象"为表征的学术救时之举则意欲以西学改造传统儒家思想文化以匡时济世。盖因大明帝国原有政治、经济制度"未有根本变化"，此举自然难以展开、难以发挥实际社会效益，最终局限于中西文化交流层面的历史性对接。当时的中国，至少有一位"狂禅者"对"利玛窦现象"之社会影响有所预见。他就是盘桓儒佛之间、狂荡不羁的李贽（1527—1602）。李贽称利玛窦"是一极标致人也。中极玲珑，外极朴实，数十人群聚喧杂，雠对各得，旁不得以其间斗之使乱。我所见人未有其比，非过亢则过谄，非露聪明则太闷闷瞆瞆者，皆让之矣。但不知到此为何，我已经三度相会，毕竟不知到此何干也。意其欲以所学易我

① 徐光启：《徐光启集》卷9《辩学章疏》，上海古籍出版社1984年版，第433页。
② 黄一农：《两头蛇：明末清初的第一代天主教徒》，上海古籍出版社2006年版，第76页。

周、孔之学，则又太愚，恐非是尔"①。纵然徐光启不是李贽，而且客观说来，徐光启等人的"学术救时"也算是一次有益的政治尝试，不过它终是一个假命题。"著译"终归是纸上文字。

晚明时代的中国，虽然逐步商业化，但是还没有积聚起支撑经济、政治大变革的足够的社会力量。因此，"利玛窦现象"不可能左右晚明社会发展进程。实际上，徐光启等人这种救时行为同王泮在肇庆接纳西学行为一样缺少实质性的社会效应。要言之，"西学"虽然推动了晚明的科学思潮，"天主"却未能"赐福"大明帝国，因为科技、神学及西方伦理学知识不能化为晚明社会急需的"重商主义"和先进的社会改革思想。而且，顽固的、腐败的政治会抵消一切非暴力的努力，也包括科学技术与文化。于是，在"利玛窦现象"背后，晚明还是那样一个处在传统社会商业化道路上逡巡不前的晚明，还是那样一个在农民起义与满洲铁骑冲击下苟延残喘的晚明。虽有"红衣大炮"壮胆，虽然永历朝的皇太后、皇后、皇太子及太监、宫女等加入了天主教，崇祯皇帝还是自挂煤山，永历帝还是命丧昆明。不过，透过"利玛窦现象"，不难读出，为了救时，晚明一部分士大夫从最初借助儒家元典转而求助西方科学技术、从强化伦理道德功效转而改宗"天主"的复杂、微妙、反复求索的心路历程。

---

① 李贽：《续焚书》卷1《与友人书》，中华书局1975年版。

参考文献

一、古籍文献

《明太祖实录》，台北"中央研究院"历史语言研究所 1962 年校印本。
《明太宗实录》，台北"中央研究院"历史语言研究所 1962 年校印本。
《明仁宗实录》，台北"中央研究院"历史语言研究所 1962 年校印本。
《明宣宗实录》，台北"中央研究院"历史语言研究所 1962 年校印本。
《明英宗实录》，台北"中央研究院"历史语言研究所 1962 年校印本。
《明宪宗实录》，台北"中央研究院"历史语言研究所 1962 年校印本。
《明孝宗实录》，台北"中央研究院"历史语言研究所 1962 年校印本。
《明武宗实录》，台北"中央研究院"历史语言研究所 1962 年校印本。
《明世宗实录》，台北"中央研究院"历史语言研究所 1962 年校印本。
《明穆宗实录》，台北"中央研究院"历史语言研究所 1962 年校印本。
《明神宗实录》，台北"中央研究院"历史语言研究所 1962 年校印本。
《明光宗实录》，台北"中央研究院"历史语言研究所 1962 年校印本。
《明熹宗实录》，台北"中央研究院"历史语言研究所 1962 年校印本。
《崇祯长编》，台北"中央研究院"历史语言研究所 1962 年校印本。
张廷玉等：《明史》，中华书局 1974 年版。
谈迁：《国榷》，中华书局 1958 年版。
谷应泰：《明史纪事本末》，中华书局 1977 年版。
傅维鳞：《明书》，齐鲁书社《四库全书存目丛书》本。
王世贞：《弇山堂别集》，中华书局 1985 年版。
何乔远：《名山藏》，江苏广陵古籍刻印社 1993 年版。
陈仁锡：《皇明世法录》，台北《中国史学丛书》本。

余继登：《典故纪闻》，中华书局 1981 年版。

申时行等：《明会典》（万历朝重修本），中华书局 1989 年版。

王圻：《续文献通考》，现代出版社 1991 年版。

张萱：《西园闻见录》，燕京大学 1940 年铅印本。

吕坤：《吕坤全集》，中华书局 2008 年版。

徐光启：《农政全书》，上海古籍出版社 1979 年版。

宋应星：《天工开物》，江苏广陵古籍刻印社 1997 年版。

冯应京：《月令广义》，齐鲁书社《四库全书存目丛书》本。

朱元璋：《大诰续编》《大诰三编》，台北学生书局 1966 年版。

万表：《皇明经济文录》，台北广文书局 1972 年版。

陈子龙：《明经世文编》，中华书局 1962 年版。

黄宗羲：《明文海》，中华书局 1987 年版。

陈梦雷：《古今图书集成》，中华书局 1934 年缩印本。

叶盛：《水东日记》，中华书局 1980 年版。

黄瑜：《双槐岁钞》，中华书局 1999 年版。

李诩：《戒庵老人漫笔》，中华书局 1982 年版。

何良俊：《四友斋丛说》，中华书局 1984 年版。

王锜：《寓圃杂记》，中华书局 1984 年版。

谢肇淛：《五杂俎》，中华书局 1959 年版。

于慎行：《谷山笔麈》，中华书局 1984 年版。

顾起元：《客座赘语》，中华书局 1987 年版。

张瀚：《松窗梦语》，中华书局 1985 年版。

王士性：《广志绎》，中华书局 1981 年版。

田艺蘅：《留青日札》，上海古籍出版社 1992 年版。

王临亨：《粤剑编》，中华书局 1987 年版。

李乐：《见闻杂纪》，上海古籍出版社 1986 年版。

沈德符：《万历野获编》，中华书局 1959 年版。

叶梦珠：《阅世编》，上海古籍出版社 1981 年版。

袁黄：《了凡杂考》，《北京图书馆古籍珍本丛刊》本。

陈献章：《陈献章集》，中华书局 1987 年版。

王守仁：《王阳明全集》，上海古籍出版社 1992 年版。

张居正：《张太岳集》，上海古籍出版社 1984 年版。

何心隐：《何心隐集》，中华书局 1981 年版。

李贽：《焚书·续焚书》，中华书局 1974 年版。

高攀龙：《高子遗书》，文渊阁《四库全书》本。

邹元标：《愿学集》，文渊阁《四库全书》本。

毕自严：《石隐园藏稿》，清康熙二十五年刻本。

陈龙正：《几亭全书》，清康熙四年刻本。

祁彪佳：《祁彪佳集》，中华书局 1960 年版。

黄宗羲：《黄宗羲全集》，浙江古籍出版社 1985 年版。

顾炎武：《亭林文集》，上海古籍出版社 1985 年版。

顾炎武：《顾亭林诗文集》，中华书局 1983 年版。

龚自珍：《龚自珍全集》，上海古籍出版社 1999 年版。

程颐、程颢：《二程全书》，《四库备要》本。

丘濬：《琼台类稿》，明闵珪刻本。

丘濬：《家礼仪节》，明万历四十六年刻本。

丘濬：《世史正纲》，明弘治一年刻本。

丘濬：《大学衍义补》，京华出版社 1999 年版。

丘濬：《琼台诗文会稿重编》，明天启三年刻白口本。

丘濬：《琼台诗文会稿》，内蒙古人民出版社 2002 年版。

丘濬：《丘文公集》，海口书局 1709 年版。

真德秀：《大学衍义》，山东友谊书社 1989 年版。

郭兰芳：《大学浅解》，中国社会科学出版社 2003 年版。

黄佐：《泰泉乡礼》，文渊阁《四库全书》本。

黄宗羲：《明儒学案》，中华书局 1985 年版。

顾炎武：《天下郡国利病书》，上海古籍出版社 2012 年版。

徐光启：《徐光启集》，上海古籍出版社 1984 年版。

弘治《太仓州志》，明弘治十年修，清宣统元年《汇刻太仓旧志五种》本。

正德《松江府志》，天一阁藏正德刻本。

正德《大同府志》，正德刻嘉靖增修本。

正德《大名府志》，中华书局上海编辑所影印本，1966年版。

嘉靖《广东通志》，齐鲁书社《四库全书存目丛书》本。

嘉靖《江阴县志》，嘉靖二十六年刻本。

嘉靖《武定州志》，《天一阁藏明代地方志选刊》本。

嘉靖《雄乘》，《天一阁藏明代地方志选刊》本。

嘉靖《邵武府志》，《天一阁藏明代地方志选刊》本。

龚辉：《全陕政要》，嘉靖刻本。

嘉靖《广东通志初稿》，嘉靖刻本。

万历《余杭县志》，万历刻本。

万历《钱塘县志》，光绪十九年刊本。

崇祯《嘉兴县志》，书目文献出版社《日本藏中国罕见地方志丛刊》本。

崇祯《松江府志》，《日本藏中国罕见地方志丛刊》本，书目文献出版社1991年版。

崇祯《吴县志》，《天一阁藏明代方志选刊》续编本。

乾隆《震泽县志》，清光绪十九年吴郡徐元圃刻本。

乾隆《上杭县志》，国家图书馆藏乾隆二十五年刻本。

乾隆《苏州府志》，国家图书馆藏乾隆十三年刻本。

道光《阳曲县志》，道光二十三年刻本。

同治《湖州府志》，同治十三年本。

光绪《江西通志》，光绪七年刻本。

二、中文论著

李泽厚：《中国古代思想史论》，人民出版社1985年版。

赵靖：《中国古代经济思想史讲话》，新华出版社1986年版。

葛荣晋：《中国史学思想史》，首都师范大学出版社1994年版。

来可泓：《大学直解 中庸直解》，复旦大学出版社1998年版。

吕振羽：《中国政治思想史》，黎明书局1937年版。

傅衣凌：《明清社会经济史论文集》，人民出版社1982年版。

万明：《晚明社会变迁问题与研究》，商务印书馆2005年版。

李焯然：《丘濬评传》，南京大学出版社2005年版。

吴建华：《明代经世儒臣丘濬》，广东人民出版社 2007 年版。

卜凯：《中国农家经济》，商务印书馆 1937 年版。

戴星翼：《环境与发展经济学》，立信会计出版社 1995 年版。

邓拓：《中国救荒史》，商务印书馆 1937 年版。

德·希·珀金斯：《中国农业的发展（1368—1968）》，上海译文出版社 1984 年版。

胡寿田等：《生态农业》，湖北科学技术出版社 1988 年版。

黄宗智：《华北的小农经济与社会变迁》，中华书局 1986 年版。

马宗晋等：《灾害与社会》，地震出版社 1990 年版。

李剑农：《宋元明经济史稿》，生活·读书·新知三联书店 1957 年版。

林毅夫：《制度、技术与中国农业发展》，上海三联书店 1992 年版。

牛建强：《明代人口流动与社会变迁》，河南大学出版社 1997 年版。

谢国桢：《明代社会经济史料选编》，福建人民出版社 1980 年版。

刘燕华、李秀彬主编：《脆弱生态环境与可持续发展》，商务印书馆 2001 年版。

严复：《严复集》，中华书局 1986 年版。

梅雪芹：《环境史学与环境问题》，人民出版社 2004 年版。

张建民、宋俭：《灾害历史学》，湖南人民出版社 1998 年版。

张全明、王玉德：《中华五千年生态文化》，华中师范大学出版社 1999 年版。

龚书铎：《中国社会通史》，山西教育出版社 1996 年版。

左玉辉：《环境社会学》，高等教育出版社 2003 年版。

周广庆：《人口革命论》，中国社会科学出版社 2003 年版。

王处辉：《中国社会思想史》，南开大学出版社 2003 年版。

江涛：《历史与人口——中国传统人口结构研究》，人民出版社 1998 年版。

王子平：《灾害历史学》，湖南人民出版社 1998 年版。

高寿仙：《明代农业经济与农村社会》，黄山书社 2006 年版。

程民生：《中国北方经济史》，人民出版社 2004 年版。

江立华、孙洪涛：《中国流民史》，安徽人民出版社 2001 年版。

刘燕华、李秀彬：《脆弱生态环境与可持续发展》，商务印书馆 2001 年版。

王利华：《中国历史上的环境与社会》，生活·读书·新知三联书店 2007 年版。

李守经：《农村社会学》，高等教育出版社 2000 年版。

利玛窦：《利玛窦书信集》，（台北）光启出版社、辅仁大学出版社 1986 年版。

利玛窦、金尼阁：《利玛窦中国札记》，中华书局 1983 年版。

黄一农：《两头蛇：明末清初的第一代天主教徒》，上海古籍出版社 2006 年版。

三、外文论著

Atwell, William S. *Notes on Silver, Foreign Trade, and the Late Ming Economy.* Ching – shih wen – ti, 1977.

Atwell, William S. *International Bullion Flows and the Chinese Economy circa 1530 – 1650.* Past and Present, 1982.

Atwell, William S. *Ming Observations on the " Seventeeth – Century Crisis " in China and Japan.* Journal of Asian Studies, 1986.

Barrett, Ward. *World Bullion Flows, 1450 – 1800, in The Rise of the Mechant Empires, Long Distance Trade in the Early Modern World, 1350 – 1750. ed.* by James D. Tracy, Cambridge, Cambridge University Press, 1991.

Boxer, C. R. *Fidalgos in the Far East 1550 – 1770.* Martinus Nijhoff, The Hague, 1948.

Boxer, C. R. *Macau na Epoca da Restauracao.* Fundacao Oriente, Lisboa, 1993.

Godinho, Magalhaes. *Os Descobrimentos e a Economia Mundial.* Lisboa, 1963.

Hamilton, Earl J. *American Treasure and the Price Revolution in Spain.* Cambridge, Harvard University Press, 1934.

Reid, A. *Southeast Asia in the Age of Commence 1450 – 1680.* New Haven, Yale University Press, 1993.

Sansom，George. *A History of Japan* 1334 – 1615. London，1961.

森正夫等编：《明清时代史の基本问题》，汲古书院 1997 年版。

滨岛敦俊：《明代江南农村社会の研究》，东京大学出版会 1982 年版。

后 记

在我们的书房，摆放着一幅明朝阁臣丘濬的画像。每次观瞻，心中都会生出些许情愫。画中的丘濬端谨而深刻，眉宇之间似有淡淡忧思。他仿佛在沉吟："六疏求归未得归，可堪临老履危机。云龙际合真难遇，海燕孤单慢自飞。黄吻读书初志遂，白头归隐素心违。此身已属皇家有，空向秋风叹式微。"[①]

在明中期那个物欲横流、危机四伏的时代，大多数官员却不以社稷与民生为念，而以满足一己物欲及虚荣心为动力，以贪污纳贿与巧取豪夺为能事，谋国则尸位素餐，为己则夤缘倾轧，不以为耻，乐此不疲。在此浑浊不堪的官场上，丘濬"特立独行"。他手不释卷，学识渊博，严于律己，清正廉洁，生活近于"苦行僧"；他有经世济民政治抱负，心系民生与社稷，有着强烈的道德责任心与历史使命感，积极作为，为探寻经世济民方略而耗尽生命，可谓古代为官者楷模、儒家士大夫典范。如明人焦竑撰《玉堂丛语》载："世称丘文庄不可及者三：自少至老，手不释卷，好学一也；诗文满天下，绝不为中官做，介慎二也；历官四十载，仅得张淮一园，邸第始终不易，廉静三也。"[②] 清修《明史》亦称丘濬"廉介，所居邸第极湫隘，四十年不易。性嗜学，既老，右目失明，犹披览不辍"[③]。好学、介慎及廉静为丘濬的基本品格，为时人称赞。我觉得，丘濬的品格，不仅是为官者之良好品格，也是学者应该具备的主要品格。

我们对丘濬著作与思想的学习与研究，始于 2000 年。在韩山之麓，韩江

---

① 丘濬：《琼台诗文会稿》卷 5《辛亥思归偶书》，内蒙古人民出版社 2002 年版，第437 页。

② 焦竑：《玉堂丛语》，中华书局 1987 年版，第 227 页。

③ 张廷玉等：《明史》，中华书局 1974 年版，第 4810 页。

之滨，我们以丘濬为友，与这位名臣硕儒交心。丘濬一生著述颇丰，主要著作有《世史正纲》《家礼仪节》《朱子学的》《大学衍义补》等，还参与编写了《寰宇通志》《明英宗实录》《续资治通鉴纲目》《大明一统志》等历史典籍。另外，《丘文庄公全集》《琼台诗文会稿》还收集了丘濬大量诗文。仅以《大学衍义补》这部名著为例，全书一百四十余万字，除卷首系续宋儒真德秀《大学衍义》"诚意正心之要"，而补写"审几微"一节外，余下共一百六十卷，其内容涵盖政治、经济、文化、军事、教育、法律、民族等各个领域，可谓卷帙浩繁，博大精深。明孝宗亦称《大学衍义补》"考据精详，论述该博，有补于政治"[1]。所以，对丘濬思想的研究没有句号。

书稿即将付梓之际，我们要真诚感谢韩山师范学院各位校领导，感谢科研处、潮学研究院各位领导老师，感谢历史文化学院与文学院的各位同仁，感谢暨南大学出版社周玉宏编辑与吴庆编辑，正是各位的大力支持，我们才能克服困难，持之以恒，玉汝于成。同时，我们由衷感谢东北师范大学赵毅先生与赵轶峰先生，感谢南开大学南炳文先生，感谢在治学道路上关心我们的良师益友！正是各位师友弥足珍贵的点拨与鼓励，给了我们执着于丘濬思想研究的勇气与信心！

今日中秋节，又是月圆时。遥想当年，也是一个月圆夜，丘濬咏诗："九十秋光此夜分，一年月色更无论。东西望处日同道，上下玄间光满轮。玉斧修完无欠缺，仙娥妆具倍精神。就中好吸团团影，明夜重看少可人。"[2]诗里诗外，流露出对人生境遇的诸多感慨，以及对世事"圆缺"的深层感悟。斗转星移，五百年日月轮回，丘濬的那缕思绪，也许萦绕于浩渺星空。五百年的丘濬故园，又是明月夜，不见当年。抬头望去，"玉斧"高悬，虽非东君至明，亦泽惠人间。书生意气，感慨于心，相邀明月，以茶代酒，绵绵清香随着月色飘远，还有我们的思绪……再细细看去，这轮五百三十余年前曾寄托着丘濬无尽的人生感悟与经世情怀的圆月……

赵玉田　罗朝蓉

2018 年金秋

---

① 丘濬：《琼台诗文会稿》卷 7《进〈大学衍义补〉奏》，内蒙古人民出版社 2002 年版，第 511 页。

② 丘濬：《琼台诗文会稿》卷 5《月中秋夜》，内蒙古人民出版社 2002 年版，第 331 页。